东方
文化符号

南唐二陵

薛巍 著

江苏凤凰美术出版社

图书在版编目（CIP）数据

南唐二陵 / 薛巍著. -- 南京：江苏凤凰美术出版社, 2024.6
（东方文化符号）
ISBN 978-7-5741-1268-1

Ⅰ. ①南… Ⅱ. ①薛… Ⅲ. ①陵墓–介绍–南京–南唐 Ⅳ. ①K928.76

中国国家版本馆CIP数据核字（2023）第160033号

责 任 编 辑	舒金佳
设 计 指 导	曲闵民
责 任 校 对	施　铮
责 任 监 印	张宇华
责任设计编辑	赵　秘

书　　名	南唐二陵
著　　者	薛　巍
出版发行	江苏凤凰美术出版社（南京市湖南路1号　邮编：210009）
制　　版	南京新华丰制版有限公司
印　　刷	盐城志坤印刷有限公司
开　　本	889mm×1194mm　1/32
印　　张	4.875
版　　次	2024年6月第1版　2024年6月第1次印刷
标准书号	ISBN 978-7-5741-1268-1
定　　价	88.00元

营销部电话　025-68155675　营销部地址　南京市湖南路1号
江苏凤凰美术出版社图书凡印装错误可向承印厂调换

目录

前　言 …………………………………………… 1

第一章　烟雨祖堂山 …………………………… 3
第一节　风水宝地 ………………………………… 4
第二节　盗墓事件 ………………………………… 9
第三节　考古发掘 ………………………………… 12
第四节　古墓真相 ………………………………… 18

第二章　南国四十春 …………………………… 25
第一节　东海鲤鱼飞上天 ………………………… 27
第二节　小楼吹彻玉笙寒 ………………………… 32
第三节　一江春水向东流 ………………………… 36

第三章　寝宫雄江左 …………………………… 41
第一节　帝陵"设计师" …………………………… 42
第二节　地下"宫殿" ……………………………… 49
第三节　唐制"继承者" …………………………… 62

第四章　墓中有奇珍 ………………………………… 71
 第一节　陶俑之美 ………………………………… 74
 第二节　玉册之秘 ………………………………… 95
 第三节　青白之瓷 ………………………………… 102

第五章　崇陵露真容 ………………………………… 110
 第一节　再探二陵 ………………………………… 111
 第二节　第三座墓 ………………………………… 114
 第三节　国后周氏 ………………………………… 118
 第四节　陵园布局 ………………………………… 123

第六章　瑰宝永生辉 ………………………………… 128
 第一节　建筑艺术 ………………………………… 136
 第二节　守护瑰宝 ………………………………… 144

后　记 ……………………………………………… 148

前 言

青山隐隐，绿水迢迢。

在江苏省南京市江宁区祖堂山南麓，坐落着两座帝王陵墓——南唐烈祖李昪的钦陵、中主李璟的顺陵，合称"南唐二陵"。

它们坐北朝南，东西相向并列。

南唐是五代十国时期的一个割据政权，共历三主，建国近四十载。相比吴越、南汉及前后蜀国等，南唐的疆域最广，一度北抵淮水、南及五岭，东括福建、西至湖南，号称"最为强盛"。

唐宋之际，正处在中国历史上的又一个社会转型期。南唐二陵，是见证这段历史的"活化石"。

当时，中原战乱频仍。后梁、后唐、后晋、后汉、后周"你方唱罢我登场"，在历史上被称为"五代"。南唐政权偏处江南，局面大体安定，经济较为富足；文化艺术尤其昌盛，诗词歌赋、书法绘画等大放异彩，宛如星辰，在夜空中闪耀。

南唐二陵作为长江中下游地区发现时代最早、保存最完整的帝王陵寝，更是折射出历史的丰富肌理，散发着无穷的艺术魅力。

1950—1951年，南京博物院及南京市文物保护管理委员会对南唐二陵进行了首次考古发掘。二陵共计出土640余件文物，并借助其中的玉哀册和石哀册，考证确定了墓主身份。

2010—2011年，南京市文保部门再次对南唐二陵进行了考古调查、勘探和试掘，在目前的陵园范围之外，又发现了第三座墓葬，推断墓主可能为南唐后主李煜的妻子、昭惠国后周氏。

南唐二陵的等级规模、布局结构，墓室中的石刻浮雕、彩绘壁画、花卉纹饰，以及出土的玉册和人物陶俑，等等，为研究晚唐五代的时代风貌、政治制度、文化艺术提供了丰富鲜活的资料。

比如与大多数唐代皇帝"依山为陵"不同，南唐二陵主要以砖石为建筑材料，一砖一石自平地砌起；再如钦陵设计精美、装饰华丽、陪葬品丰富多彩，从中可以看出国力的强盛；而从顺陵的简易与仄窄上，也可看出国力的衰败、偏安的无奈。

问君能有几多愁？恰似一江春水向东流。

在历史的长河中，近四十载时光不过一瞬间。往事悠悠了无痕，唯有这"雄踞江左"的帝王陵墓，恰似沉默无言的苍苍老者，伫立在青山秀水之间，与春花秋月、野草闲花为伴，走过一个又一个千年。

第一章　烟雨祖堂山

南京郊外的胜景，有着"春牛首，秋栖霞"的形容。

栖霞山雄踞城东，北临长江，山上种满了枫槭、乌桕等红叶树木，金风起处，霜叶尽染，灿若云霞。牛首山在城南中华门外，仲春时节，漫山遍野桃李芬芳、草长莺飞。

祖堂山远眺

在牛首山的南面,尚有一座并不算特别高大的山峰,宛如芙蓉出水,清丽可人。山下花草繁茂,山头白云缭绕。过去,它被称为"幽栖山";今天,则叫作"祖堂山"。

第一节 风水宝地

南京人过去常说"出了南门尽是寺"。南朝时期,佛教在中国境内渐渐流行开来。首都建康(今江苏南京)寺庙林立、香火繁盛。有诗为证,"南朝四百八十寺,多少楼台烟雨中"。

今天的牛首山依然香火繁盛

当时，在牛首山、祖堂山一带，山上山下也建起了大小寺庙，来了许多和尚。他们整日念经参禅、烧香拜佛。

南朝刘宋时，在祖堂山的南麓，建造了一座幽栖寺。

旁边的牛首山，也有一座庙宇。牛首山有东、西两座山峰，仿佛水牛的两只犄角。这座庙宇就以西峰的"辟支佛窟"为名，叫作"佛窟寺"。佛窟、幽栖二寺相距5000多米，僧人、信众经常来往走动，谈经论道。

"祖堂山"的得名，与禅宗支派"牛头宗"的创立者法融禅师有关。这"祖堂"两个字，意思是"开宗立派的场所"。

法融禅师是唐代贞观年间（627—649）的高僧，俗家姓韦，润州（今江苏镇江）人，19岁时出家。有一年，他来到祖堂山，见山北的献花岩景色优美，便造了几间茅屋，住了下来。

当时，跟随他到祖堂山的弟子有100多人。

从早到晚，法融禅师就带着弟子们学习佛法、打坐参禅。他讲经时，由于内容实在精彩，感动了林子里的鸟雀，它们叼着奇花异草，纷纷飞来。麋鹿们也静静地站在一旁，耐心听讲。

山间泉眼细小，弟子们很是苦恼。法融禅师却说："过去，高僧慧远用手中锡杖拄地，地下就流出泉水来。如果这个地方可以久居，清泉一定会汩汩涌现。"

到了第二日，果然有山泉飞泻。弟子们掬饮之下，味道异常甘美。

法融禅师常去佛窟寺借阅经书。后来，他开创了"牛头宗"，因为佛窟寺在牛首山，因此又把"牛头宗"称作"江表牛头"。

其实，"牛头宗"的发祥地在祖堂山。

五代十国时期，在今天的江淮和江南一带，有一个"杨吴"国。它的正式国号是"吴"，由于是军阀杨行密建立的，历史上就叫作"杨吴"。

杨吴后来被南唐取代。南唐的三位皇帝都信佛，尤其是中主李璟、后主李煜，更加迷信佛教。牛首、祖堂二山的香火也越发旺盛，与南朝几乎不相上下。

"金陵四十八景"中，有一景就叫"祖堂振锡"——祖堂山的僧人们外出时，一齐摇动手里的锡杖，锡杖上端有铁环，发出"哗啦哗啦"的声响，顿时鸟雀惊飞、走兽遁迹。

人们以此形容祖堂山是一座佛教名山，僧人众多，蔚为大观。

野史记载，南唐烈祖李昪很喜爱祖堂山的景色。这里林木参天、泉壑幽美，置身山中，看花开花落，令人乐而忘返。他在处理政务之暇，常常来此休憩，纵马驰骋，弯弓射猎，激荡一番英雄情怀。

中国人历来讲究"风水"。在精通堪舆之人看来，牛首山、祖堂山是一块风水宝地，很适合经营冢茔。

从地图上看，主峰海拔约250米的祖堂山，自西北斜插向东南，在它的北面，散落着数座略矮一些的山丘，再往北，便是犄角朝天、仿佛天阙的牛首山。

东晋定都建康（今南京）之初，修建皇宫台城。工程大体完备，却由于资金短缺，独独少了两座宫阙。

宫阙，是古代宫城门前的高台，成双成对、左右对称，台上还要建瞭望楼，由兵士轮流宿卫。

有宫无阙，未免美中不足，如何是好？

牛首山双峰正对台城的宣阳门。宰相王导灵机一动，用手指道："这不就是上天所赐的'宫阙'吗？"此言一出，众人连连称是。

北有"天阙"、南向平原，这样的风水宝地哪里去找？

祖堂山两旁，尚有高山、小红山、斗山等几座较矮的山峰，仿佛众星拱月。一条小河自山谷中淌出，向东南流过田野和村镇，折转汇入了秦淮河。平原上，是星星点点的农舍、陂塘、竹林、菜畦。茅屋生炊烟，鸡犬声相闻。

在南方，更远处又有山丘起伏环绕，仿佛两臂合抱。

高山位于祖堂山之西，南麓平缓伸出，中间微凹。从风水学上说，这种山式为"太师椅"——北面靠山，为"椅背"；左右皆有护绕，为"扶手"；南面是一片平地，柔风吹拂、芳草萋萋。

明代官员王以旂的墓地就在此处。

王以旂是南京人，明正德六年（1511）进士，官至兵

李昪陵的东侧面和王家坟村全景

部尚书。后来，他又出任三边总督，负责今天陕西、甘肃、宁夏的边防军事，明嘉靖三十二年（1553）死在任上。

他的灵柩被运回家乡，下葬祖堂山南麓。

在王以旂的墓前，如今还能看到三尊"翁仲"，也就是石人。其中，有戴乌纱帽的文官一人，戴兜鍪、披铁甲的武士两人。

附近的村庄名叫"王家坟"，村民或许就是当年守墓人的后代。

王以旂墓之东，还有两座隆出地表的土墩。

西边的土墩与山麓相接，隆起之状不甚明显。东边的土墩高约12米、周长约170米，巍然凸起，气势不凡。

当地村民将它呼作"太子墩"。

民间的俚语俗言,却往往折射出历史的真相。"太子墩"里埋着的究竟是不是太子?它是否与南京的某个朝代有关?地下土堆有价值连城的宝藏吗?

一连串问号,令人浮想联翩。

第二节　盗墓事件

1950年,古城南京迎来新生后的第二个春天。

三四月间,山坡上、田畦间,粉桃、玉兰、野杏、杜鹃次第吐蕊,烂漫多姿。

在城南夫子庙,忽然冒出一批来路不明的文物。

南京市文物保护管理委员会得知消息后,迅速向公安部门报案。公安部门经过侦查,发现这批文物就来自牛首山、祖堂山一带的墓葬。

当时,一份名为《牛首山附近古墓被盗情形》的报告这样描述道:"今年3月间,曾发生古墓被盗掘事件:系由江宁县一区丁坊乡开始,最先是盗卖墓砖,只是两三个人的秘密组织,后来……竟演成为二三百人有组织的盗掘行动;在4月17日到21日5天当中,盗掘最甚,古代文物的破坏、损失相当严重。"

据统计,牛首山一带被盗掘的古墓有70多座,一部分文物已经落入古董商手中。

另外还有一种说法:

20 世纪 50 年代之牛首山

　　早几年，当地人就在祖堂山掘出过柱础石（中国古代建筑的一种构件，就是承受柱子的石座）。1950 年的春天，雨水连绵不止，将"太子墩"冲出一个洞穴，深不见底。有顽童钻进去，摸出几件陶俑，卖给了"挑高箩"（收破烂）的……

　　南京市政府一方面下令江宁县方面迅速制止盗掘行为，一方面通知文保部门展开调查。

　　江宁县旋即召开群众大会，又在各乡村张贴布告，宣讲政策，并抓了 6 名为首分子。在很短时间内，就刹住了盗掘之风。

　　同时，由南京博物院与市文保会联合组成的调查队，于 1950 年 5 月 1 日奔赴牛首山，对包括"太子墩"在内的 3 座被盗古墓展开调查。

这支调查队的负责人，是 41 岁的南京博物院副院长曾昭燏。

曾昭燏出身湖南的名门望族。她的曾祖父是曾国潢，而曾国潢的哥哥就是晚清湘军首领曾国藩。

1929 年夏，20 岁的曾昭燏被中央大学（今南京大学、东南大学等高校的前身）录取。她浮舟东下，过洞庭、入长江，来到南京，拜在国学大师胡小石先生的门下。

1935 年，曾昭燏留学英国，成为中国首位赴海外攻读考古学的女性。1937 年，她以论文《中国古代铜器铭文与花纹》获得硕士学位，旋赴欧洲大陆考察学习。

其时，抗战军兴、烽火连天。曾昭燏心系故国家园，于 1938 年 9 月毅然东返，吃尽千辛万苦，终于在次年 1 月抵达昆明，入职国立中央博物院筹备处。

抗战期间，"为了使国内田野考古学的炬火不熄灭"，曾昭燏参与了云南大理苍山洱海地区考古调查发掘、四川彭山汉代崖墓调查发掘等工作，为尚在起步阶段的中国考古事业贡献良多。

1949 年 4 月 23 日，百万雄师过大江，饱经风雨的"六朝古都"南京迎来了旭日东升。

1950 年 3 月，"中央博物院筹备处"正式更名为国立南京博物院，曾昭燏出任副院长，负责田野考古和陈列

考古工作者发掘南唐二陵时的情形，右一为曾昭燏　（资料来源：南京博物院《南唐二陵发掘报告》1957年版）

开放事宜。

她在日记中写道："这有无限前途的博物院的新生，也是我自己事业的起始。"

一个多月后，曾昭燏率队来到牛首山之南。

调查队此行，为中华人民共和国考古史以及曾昭燏等人"事业的起始"，写下具有历史意义的一笔。

第三节　考古发掘

1950年5月1日，考古工作者所见到的"太子墩"，已是荒土一抔、覆满落叶，成为野兔、田鼠、土蛇等的窝穴。

之前，盗墓贼在古墓的西南角打过一个盗洞，仅容一人出入。考古工作者入洞探险，初步勘探得知，此墓规模不小，分为前、中、后三室，所有的墓室皆被淤土堆塞，仅在靠近墓顶处露出砖砌或石雕的倚柱、立枋、阑额和斗栱一角。

倚柱、立枋、阑额、斗栱，是中国古代建筑中最常见的构件。

在中国古代建筑中，砖、石和木头是主要的建筑材料。人们以粗大的圆木做成立柱与横梁，一竖一横，支撑起整座屋子。

"枋"是在两根柱子之间，起到衔接和稳定作用的构件。位于上面的较宽大的枋，也称为"阑额"，用于承托斗栱。

"斗栱"由斗和栱组成，方形的叫"斗"，弓形的叫"栱"，它们交错层叠，用来减少立柱和横梁交接处的剪力，并使得屋檐向外伸展翘起。《诗经》里就有"如翚斯飞"的句子，形容屋檐如同鸟儿展开的翅膀，有着灵动雀跃的美感。

在这些倚柱、立枋、阑额、斗栱上面，工匠们还以石青、石绿、赭石、朱砂等为颜料，涂绘出各种各样的花纹。

经过彩绘的倚柱、立枋、阑额和斗栱，不仅更加美观，还可以防止雨雪侵蚀、虫蚁噬咬。

尽管只是惊鸿一瞥，这座"太子墩"也给曾昭燏等人留下了极为深刻的印象。"前所未见""精美异常""构造独特"……一连串词语在他们的心底浮起。

调查队得出一个初步的论断：这座古墓的年代应当在六朝至五代之间，古墓主人的身份相当尊贵。有人想到，它既然称为"太子墩"，是否就是南朝萧梁的昭明太子之墓？

1950年5月9日，市文保会会同南京博物院将盗掘口暂时封闭。

3天后，国家文物局发来指令，由南京博物院负责"整理此墓"。考虑到当时正是天旱少雨天气，且有蝗虫为患，南京博物院决定待秋高气爽时节，再进行考古发掘。

转眼之间，春夏匆匆而过。

1950年10月6日，南京博物院组建了一个田野工作团，依然由曾昭燏带队，团员有蒋赞初、张彬等年轻人，由参与过安阳殷墟考古的王文林担任技工队长，并邀请市文保会一人参加。

当天，田野工作团就从南京城出发，乘车抵达祖堂山，在幽栖寺的大殿内设立了工作站。

10月8日，考古发掘工作正式开始。

考古工作者将春天封闭的盗掘口掘开，自里向外察看墓门方向所在，再将盗掘口封闭，从外围开挖一条8米长、4米宽的探沟，循此探沟，逐步朝墓门方向推进。

曾昭燏在《南唐二陵发掘日记》中写道：

发掘时在李昪陵墓门外所掘的探沟

"（10月10日）上午，掘前室右侧室之以前被盗口，至中午掘开，一时余下洞，测前室正门所在。"

当夜下起了大雨，来势颇急。放眼望去，祖堂山四周水雾茫茫。到10月11日早晨，转为微雨，可以继续工作了。"8时至墓前，开工。从正南探沟中得破陶俑1枚，缺首。"这个陶俑虽然失却了脑袋，却令考古工作者兴奋不已。

曾昭燏与蒋赞初、张彬登上附近的白山，纵目眺望。"此墓之形势特佳""白山之东，牛首双阙，巍然在望，中岿一塔，下有双庙。祖堂、牛首二山之间，为一峡谷，有田地及人家，谷下为平原。长江如带，环绕诸山"。

10月12日，探沟里露出了堆积在墓门之外的三层青石板，以及若干切割整齐的大石块。

次日开掘，又陆续起出许多大小石块。"遥望太子墩之西北，有二圆阜。形势与太子墩相似，疑亦同为墓葬，同张彬前往察看，阜上有盗掘沟，又与太子墩相似。"

圆阜，就是圆形的土丘。古墓上面往往堆有封土，其外形就如同或大或小的土丘。

10月21日，墓门终于露了出来。

但在墓门前还横亘着29块大石条。这些大石条每块重2000~3000千克。如何将它们搬走，一时间颇费踌躇。

南唐二陵所在的高山和祖堂山全景

钦陵墓门外探沟内最早露出的石板

后来,考古工作者想到一个法子:在探沟内铺上木板,将自来水管截断,搁在木板上面,再把大石条搁在水管上,以绳索牵拽,水管旋转,带动大石条一寸一寸地向前。一周左右,即将大石条全部搬走。

11月12日,墓门大敞四开。里面,究竟掩藏着怎样的秘密?

人们满怀期待和兴奋。

第四节　古墓真相

多少年来，尘土自盗洞灌入这座古墓，层层淤积，渐堆渐高。一方面，由于淤土侵染，墓内彩画受到程度不同的剥蚀；另一方面，有很多陶俑之类的陪葬品埋在淤土中，得以较好保存。

第二阶段的考古发掘工作，便是对墓室进行清理。

考古工作者根据墓中淤土的多寡，决定自中室入手，逐次清理后室、前室。

同时，部分人手被抽调去挖掘第二座古墓。

它就是曾昭燏在《南唐二陵发掘日记》中所称的太子墩西北之"圆阜"。为区别起见，考古工作者将太子墩编

从高山顶上俯瞰南唐二陵（李昪陵和李璟陵）

被损毁的钦陵石墓门

号为"M1",即祖堂山一号墓;将这座圆形山丘编号为"M2",即祖堂山二号墓。

清理中发现,祖堂山一号墓至少被盗掘过三次,里面的金银玉器及珠宝等陪葬品几乎荡然无存。后室损毁最重,两扇石门被砸坏,棺床、壁龛损毁,就连青石地板也被掘开。盗墓贼似乎认为,青石地板下也藏有宝贝。

在祖堂山一号墓内,中室淤土最多,后室次之,前室最少。至12月19日,淤土全部清理完毕,这座古墓第一次向人们清晰地呈现出内部的模样——

这是一座三进十三间的仿木结构砖石建筑物,前室和中室以青砖砌成,各有两间耳室①;后室则从山体中凿出,为纯天然的石材构造,并附有六间耳室。

前、中、后三室皆有倚柱、立枋、阑额和斗栱,上面绘有缠枝牡丹、莲花、宝相花、海石榴花、卷草和云气等图案。

三间墓室中,后室最为气派,门前立有两尊持剑武士石像,甬道上方横列"双龙攫珠"浮雕。室顶采取叠涩法,以砖石层层堆叠,向内合拢为穹隆状,看上去仿佛一口倒扣的铁锅,上面绘有天象图。在后室的青石地板上,则刻着地理图。"天"与"地"彼此呼应,气派非凡。

刚从淤土中露出时,墓室中的半数彩画颜色鲜艳,如

---

① 耳室是墓葬主室之旁的小室,《南唐二陵发掘报告》将其称为"侧室",本书统一作"耳室"。

同当初一样；石刻浮雕曾为金粉髹涂，尚能看到闪烁的金光。尤其是那两个武士，双目炯炯，似在戒备来敌。

这座古墓的主人究竟是谁？

考古工作者在后室中发现了两件石匣。一件断为两截，另一件断为三截。从石匣中和它们的附近，清理出数十枚青白色玉片，上面还刻着文字。

古代帝王、后妃在下葬之日，要举行"遣奠"礼，并宣读祭文。这篇祭文刻在玉、石、木、竹等材料上，用数字编号，以丝绳穿缀，与帝王、后妃一同埋入地下。这就是"哀册"。

考古工作者判断，这些玉片就是哀册。上面的文字，可以用来破译墓主的身份。

当年，盗墓贼将这些玉片胡乱丢掷、四散零落，如今难以拼凑齐全。考古工作者使劲搜寻，一共找到 11 枚完整的玉片，另外 12 枚玉片已经残缺。

其中，载有墓主姓氏、下葬时间纪年等信息的第一枚玉片最为关键，却被盗墓贼打碎，为"破译"工作增添了障碍。

考古工作者仔细寻找，找到第 1 枚玉片中的大半块，唯缺带有纪年的一角。会不会被夹带到了其他地方？

张彬在前室淤土中一遍遍筛捡，忽然，他眼前一亮，淤土中露出一块三角形玉片，刻着"维保大元"字样，将它与第一片拼接，居然天衣无缝、合成完璧。

玉衰册拓片

曾昭燏非常兴奋，连夜从祖堂山赶回南京城。在恩师胡小石先生的寓所"愿夏庐"，师徒二人于灯下共同参详这枚玉片掩藏的"密码"。

玉片上刻着"维保大元年，岁次癸卯……子嗣皇帝臣瑶"。

在这段文字中，"维"是语气词，没有含义；"保大元年"为公元943年，按照天干地支的算法，恰逢"癸卯"年，这一年的2月之前，尚是南唐开国皇帝李昪的"昪元七年"，2月，李昪病逝后，太子李璟即位，改元"保大"。"子嗣皇帝臣瑶"，翻译为白话文就是"（李昪的）儿子、新任皇帝（李）瑶"。

在历史上，李璟原名"李景通"，这枚玉片上的"李瑶"又为何人？

胡、曾二人推断，李璟即位时循例改名，初名"李瑶"，由于"瑶"字常见，不易避讳，就取"瑶"的玉字偏旁，另取"李景通"中的"景"字，得名为"李璟"。

玉片上的"李瑶"，其实就是李璟。

至此，祖堂山一号墓的墓主身份真相大白。其人正是南唐烈祖李昪。参考南唐史书上的记载，此墓为李昪与其妻宋氏合葬的钦陵。

祖堂山二号墓的墓主又系何人？

据南京博物院《南唐二陵发掘报告》，考古发掘第二号墓的起始日期为1950年11月8日，工作进行到第40天时，墓门就全部露出，"由于建墓时是用石灰浆和糯米汁等物浇灌在墓门和封门石板之间的，所以墓门上的彩画都模糊不清了"。

打开墓门后，考古工作者逐次清理前、中、后三室。此墓之前亦遭盗掘，前室和中室皆有盗洞，淤土甚多。三间墓室的壁画均已剥落，亦无石刻浮雕，清理出的陶俑数量也不多，与祖堂山一号墓相比，显得颇为寒碜。

在此墓的后室里，考古工作者发现了40枚由淡黄色石片做成的"哀册"，皆已残缺。其中部分文字尚可辨认，比如"髯断稽山鸟来"之句，据说黄帝乘龙升天时，群臣纷纷攀附龙髯，龙髯不堪重负而折断，后人就用"髯断"来形容皇帝驾崩。考古工作者据此推断，墓主也是一位帝王。

南唐三主中，烈祖李昪的陵墓已经找到，后主李煜埋骨他乡，只剩下中主李璟，他应该就是祖堂山二号墓的主人了。《南唐二陵发掘报告》称："根据哀册的内容，这墓应该是南唐中主李璟和他的妻子钟氏的合葬墓。"

秋去冬来、霜雪交替，田野工作团历时三个多月，终于在1951年1月20日，结束了对祖堂山古墓的考古发掘工作。

　　这两座古墓,从此以"南唐二陵"的名称为人们所知晓。

　　在此期间,曾昭燏仆仆奔走于南京城、幽栖寺和南唐二陵之间,工作虽然繁忙艰苦,却甘之如饴。考古发掘期间,她还邀请胡小石、刘敦桢、杨廷宝、孙明经等学者前来,一睹昔日帝王陵墓的容貌风采。

　　南唐二陵是中华人民共和国成立后首次进行考古发掘的古代帝王陵墓,令历史考古学界大为振奋。只可惜,雕栏玉砌不再,祖堂山下,唯有古寺荒冢,常伴一抹斜阳、点点昏鸦。

　　1951年3月9日南京博物院成立一周年之际,南京博物院特地在江宁东善桥展出了南唐二陵的部分出土文物。

　　观者云集,轰动一时。

一抔荒土,芳草萋萋

第二章 南国四十春

在南京城东,有一条青碧如染的河道,每到春天,两岸花红柳绿,河面白鹭翩飞。

这条河道,就是历史上的"杨吴城濠"。

杨吴城濠为南北走向。在逸仙桥和复成桥之间,立着一尊南唐后主李煜的塑像。临水伫立,眺望前方,似在吟哦刚填成的新词:"晚妆初了明肌雪,春殿嫔娥鱼贯列。笙箫吹断水云间,重按霓裳歌遍彻。"

公元937年,杨吴的权臣徐知诰受禅称帝,国号"大齐",改元"昇元",建都金陵(今南京)。2年后,他改名"李昪",改国号为"大唐",史称"南唐"。

大江之险,将中原的动荡隔绝在外。这个偏安江南的政权,给苟活于乱世者以微茫希望,成为一方"乐土"。继李昪之后,中主李璟、后主李煜继立。直到公元975年,北宋军队攻破金陵,南唐国灭。

四十春来家国,三千里地山河,终不免付予一江春水、

东方文化符号

今日杨吴城濠　　　　李煜塑像

东归大海。

第一节　东海鲤鱼飞上天

时光回到大唐末年。

唐文德元年（888）十二月二日，寒风凛冽。在帝国东部重镇彭城（今江苏徐州），有户姓李的人家生下一名男婴。因为出生在彭城，他的小字遂为"彭奴"。

彭奴长到五六岁时，父母相继去世。他被伯父送入濠州（今安徽凤阳）开元寺，做了一个洒扫庭院的小沙弥。

当时，藩镇割据，连年攻伐。其中，淮南节度使杨行密带兵纵横江淮之间，势力坐大，羽翼渐丰。

唐乾宁二年（895），杨行密攻下濠州。他见年仅8岁的彭奴相貌不俗、伶俐乖巧，乃携归军中，打算收为义子。

杨行密有个亲儿子杨渥，忌惮彭奴才气过人，在老爹面前说了很多彭奴的坏话。于是，杨行密就将他转手送给了部将徐温。

徐温替彭奴取名"徐知诰"，序齿定次，排为徐家诸子中的老二。

自小生在离乱中、长在他人屋檐下，徐知诰深知人情冷暖，善于察言观色。他不以银钱账目为俗事，专心学习，闲暇时也学骑马射箭。

徐温待他年纪稍长，便将家务交与他打理。自此开始，徐家宅门之内井井有条、上下皆喜。徐知诰对养父至为恭敬。徐温有疾，他与妻子王氏朝夕服侍、衣不解带。徐温每每感慨，这个徐家老二虽为养子，却比亲生儿子还孝顺。

徐温是杨行密帐下的"三十六英雄"之一，为人深沉有谋略。他从底层军官做起，一路升到右牙指挥使，统领杨行密的牙兵。当时，牙兵属于节度使的亲军，由亲信之人来统领。徐温出任此职，可见他在杨行密心目中的位置。

杨行密死后，杨渥承袭其父的"吴王"称号。此人骄侈多忌，勋旧宿将皆不自安。徐温和左牙指挥使张颢密谋，先下手为强，于天祐四年（907）正月发动兵变，将杨渥软禁起来。

"天祐"是唐昭宗所用的年号。他早在天祐元年（904）就为后梁太祖朱温所杀，但杨吴继续沿用这一年号，表示与后梁势不两立。天祐五年（908）五月，徐温先杀杨渥，再杀张颢，一人独握大权。

随着养父权力的膨胀，徐知诰也青云直上。天祐九年（912），他出任昇州刺史。昇州，亦即今天的南京。

在昇州，徐知诰选用廉吏、劝课农桑，轻徭薄赋、府库充实，所作所为广受百姓称颂，声誉渐隆。

300多年前，隋军渡江灭陈，将建康（今南京）台城夷为废墟。至徐知诰主政时，开始重新修治城池。与六朝建康城相比，新修的昇州城由城墙包围，大致为方形，周长约14千米，西至水西门、清凉山，北界在今天的广州路、珠江路一线,东抵龙蟠中路,南至中华门;在城垣之外又开凿了一条护城河,即"杨吴城濠"。

这座修葺一新的城池,夹淮带江,"因江山为险固",一跃成为杨吴的重镇。

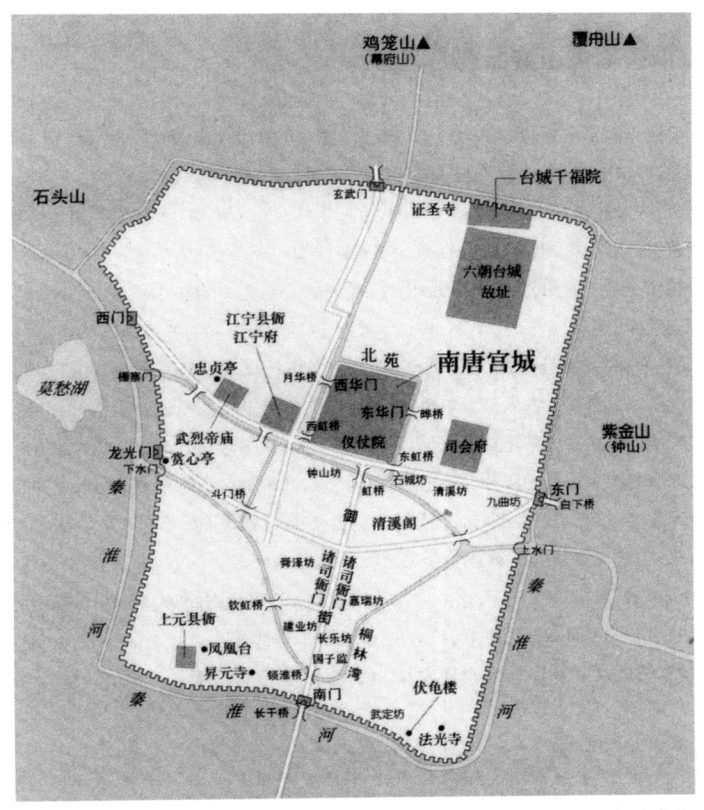

南唐江宁府城 (资料来源:陈葆真《李后主和他的时代 南唐艺术与历史》)

原本坐镇润州的徐温,见昇州城高峻雄伟,二话不说,移驾于此,而将养子徐知诰换到了润州。

徐温以嫡子徐知训为继承人,派他守在杨吴的都城广陵(今江苏扬州),执掌中枢大权。徐知训素来看不上徐知诰,呼他为"乞子",又妒忌其才干,几次三番下手谋害。幸亏徐知诰机警,得以脱身。

这次调任润州,徐知诰颇为惆怅。谋士宋齐丘却说:徐知训骄横无知,"旦暮且败",润州与广陵一衣带水、顷刻可至,"塞翁失马,焉知非福"。

果然如宋齐丘所料,天祐十五年(918)六月,徐知训因为羞辱老将朱瑾,为后者愤而刺杀。徐知诰闻变,立即引兵过江,控制了广陵城。

事件平定后,徐温见徐知诰已经抢先一步,只好顺水推舟地将中枢政务交由养子负责,自己仍旧坐镇昇州。

不久,徐知诰出任尚书左仆射(相当于宰相)。他当时刚过三十,为显得庄重老成,"乃服白发药",一夜之间,满头乌发变作雪白。

在徐知诰的悉心治理下,杨吴局面为之一新。他尽得国人之心,被称为"政事仆射",四方豪杰纷纷前来投靠。

杨吴顺义七年(927)十月,既老且病的徐温,难敌岁月的侵袭,猝然去世。压在徐知诰身上的冰山倏然消融,从此,他再无羁绊,一步步走向皇帝的宝座。

成为南唐的开国皇帝之后,徐知诰昭告天下,自称是大唐帝国的皇室后裔,重立宗庙。

民间流传着"东海鲤鱼飞上天"之语。"东海"为徐氏郡望,"鲤"谐音"李"。这句话的意思是:李昇本为徐姓养子,结果"鲤鱼跃龙门",成了一国之主。

李昇"有古贤主之风"。他在位7年,对外不妄兴刀兵,对内整顿吏治、修订律法。

南唐日益富庶,成为"十国"中的强者。

当时,南唐与邻国吴越关系很坏,"素为敌国",打过几仗。有一年,吴越国都城杭州发生火灾,宫室府库焚烧一空。南唐群臣建议,趁着这个机会,出兵讨伐,将吴越一举灭掉。李昇却说:"大敌在北",南唐应当与周边小国睦邻友好。他不但派使者慰问吴越国王,还送去了钱财粮米,加以周济。

李昇出身贫寒,深知百姓疾苦,处处唯求节俭。他以旧日衙署为皇宫,多用老丑宫人,服饰器物也很朴素。他在寝殿内所用的烛灯台,竟是杨氏马厩里的旧物。

李璟做太子时,修建东宫,打算用杉木做板壁。李昇不同意,"杉木可以制造战船",竹子不值钱,用它来做板壁就可以了。

晚年的李昇迷信道教方士之术,服食丹药,以求长生不老。结果,他背上生了疽疮,中毒太深,于昇元七年(943)二月病逝。

临死前,他告诫李璟:"你即位后,应当善交邻国、保全社稷，千万不要像隋炀帝那样穷兵黩武，自取灭亡啊。"

南唐昇元七年（943）十一月，李昇下葬于南郊的钦陵，庙号"烈祖"。

第二节 小楼吹彻玉笙寒

有一个野史故事：

李璟即位后，在宫中造了一座小殿，起名"龟头殿"，常在殿内处理政务。宫人们觉得好笑，故意问道："大家（当时对皇帝的称谓）在哪里？"答曰："在'龟头'里。"

他在位18年，攻闽伐楚，损兵折将；在后周攻掠之下，又尽失江北之地，自己被迫去帝号，奉后周为正统，做了"缩头乌龟"。

于是，人们恍然醒悟。

故事虽然荒诞，却道出一个真相：这位南唐中主志大才疏、目光短浅，将父亲李昇亲手打造的大好局面断送得干干净净。

李璟爱读书、多才艺，对兄弟仁慈友爱，对臣下宽厚大度，这些都是他性格上的优点。然而，在他的身上也存在着庸懦优柔、所用非人的缺陷，容易为人摆布。

宋齐丘是南唐的重臣，野心极大、度量狭小，每遇议论不合，往往拂衣而起。李昇对他的评价是"虽有才干，不识大体"，在位时，渐渐与之疏远。李璟没有父亲的识

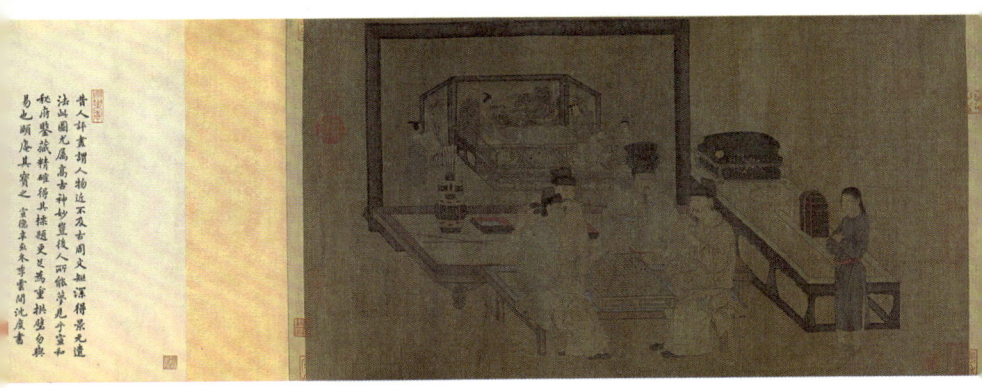

南唐画家周文矩《重屏会棋图》，为李璟（中坐者）与三位弟弟围坐弈棋的画面

人之明，即位后，就将宋齐丘招还金陵，委以重任。

朝中与宋齐丘连枝结派、沆瀣一气的号称"宋党"。其中冯延巳、冯延鲁、陈觉、魏岑、查文徽等人更是品行浅薄、才干短缺。人们给这五个人起了个"五鬼"的外号。

南唐保大二年（944）五月，"十国"之一的闽国发生变故，该国国王被手下的武将刺杀。闽国的国土，与今天的福建大致相当。

宋齐丘与"五鬼"好大喜功，怂恿李璟出兵，将闽国收归囊中。李璟言听计从，派查文徽、陈觉、冯延鲁、魏岑先后率南唐军入闽作战。

最初，战事颇为顺利，南唐军一路杀到闽国的都城福州。不料，闽国搬来了外援吴越军，在福州城下设伏，击败了贪功冒进的南唐军，活捉主将查文徽。

最后，南唐损兵折将，费尽了九牛二虎之力，只占有闽国一小部分。李璟恼羞成怒，本想斩下陈觉、冯延鲁的人头，不久却又心软，将两人暂时流放外地。

李璟没有吸取教训，紧接着又发动了"攻楚之役"。

楚国亦为"十国"之一，在今天的湖南一带。它的创建者是马殷，因此又名为"马楚"。

马殷死后，他的几个儿子"众驹争槽"，彼此攻斗，将国家弄得一团糟。

乘马楚内乱，南唐大将边镐领军越境，未经激烈战斗，就占领了都城潭州（今湖南长沙）。马氏诸子或死或逃，作鸟兽散。

边镐不是真正的将帅之才，他外号"边菩萨"，驭下无方、军纪松懈。马楚的旧臣宿将见有机可乘，偷偷兴兵来攻，直趋潭州城下。边镐大惊失色，弃城狼狈而走。"马去不用鞭"，一口气逃回南唐国内。

唾手而得的湖湘之地，也就化为了泡影。

李璟在位不过十来年，就接连用兵、大动干戈。德昌宫是南唐的皇家仓库，李昇生前在这里储藏了兵器财帛700万件。结果，统统被李璟挥霍一空。

"屋漏偏逢连夜雨。"那几年，南唐境内水旱灾害不断，粮食歉收，民生艰难。

正当南唐国力江河日下之时，中原的后周政权却昂然崛起。

南唐保大十二年（954），后周太祖郭威病死，养子柴荣即位。其人"慨然有削平天下之志"，第二年就挥师南进，围攻南唐边境重镇寿州（今安徽寿县）。

寿州为江淮咽喉，一旦失守，后周军便可长驱直入。幸赖南唐将领刘仁赡防御得宜，后周军屯兵坚城之下，首尾三年未能得手。

为解寿州之围，李璟先后派刘彦贞、李景达统兵救援，却屡遭大败，丧师数万。

寿州城中粮尽，终告失陷。刘仁赡不屈而死。

寿州一破，东南门户洞开。后周军扬鞭跃马于长江岸边，江南大震。

之前，有市井小儿唱"檀来也"。众人不解其意。等到后周军到来，其骑兵多为北方游牧部落出身，齐唱军歌《檀来》。人们这时才知道，"檀来也"乃是敌人来也。

公元958年，李璟先将年号改为"中兴"，又改为"交泰"。结果，国家既未中兴，更无祥和平安。他再三遣使求和，终于以屈辱的条件换来后周退兵——去皇帝称号，改称"国主"；奉中原正朔，用后周"显德"年号；割让江北十四州土地，每年输送贡物十万。

和议告成，李璟向祖庙祭告。那一日，金陵下起大雾，终日不散。

李璟文辞清畅、精通音律，做才子绰绰有余。他流传下来的词作仅有4首，每首皆为佳品。"菡萏香销翠叶残，西风愁起绿波间""细雨梦回鸡塞远,小楼吹彻玉笙寒",无不脍炙人口、传唱至今。

然而,治理国家不是花间月下、填词弄曲。作为皇帝,李璟的政治才能仅及中人,却又好高骛远。及至一再丧师失地,他才醒悟过来。论到做皇帝,自己比被冯延巳讥嘲为"田舍翁"的父亲李昪差之远矣。

公元960年农历正月初三,后周大将赵匡胤在陈桥驿为兵士黄袍加身,建立北宋,改元"建隆"。

南唐换了新主人,按例以"建隆"为本国的年号。

北宋建隆二年(961)二月,李璟迁都洪州(今江西南昌),到了那里却又后悔,登楼北望金陵方向,日夜思归。

这一年的六月,他于惶然不安中病故,享年46岁,庙号"元宗"。八月,李璟的灵柩运回了金陵,第二年下葬顺陵,与父亲李昪在泉下做伴去了。

身后的这个破烂摊子,就交给儿子李煜吧。

第三节 一江春水向东流

李煜,就是历史上著名的亡国之君"李后主"。

他原名"李从嘉",与父亲李璟一样,骨子里是个文人,诗歌、书法、绘画、音乐样样精通,尤擅填词,影响后世极为深远。"词至李后主而眼界始大。"

只可惜,他生在帝王家,命运不由自己做主。

小时候,李煜并无当皇帝的思想准备。因为在他前面的，尚有几位兄长。未承想兄长们相继夭亡，空缺的宝座自然而然地轮到了他。

北宋建隆二年（961）二月，李煜被立为太子，父亲李璟死后，他在都城金陵匆匆即位。

当时，北宋国力蒸蒸日上，有吞并天下的雄心。"十国"之中，仅剩下南唐、后蜀、吴越、南汉、荆南、北汉六国，无不在苟延残喘。

李后主像

经过淮南一役，南唐江北之地尽失，金陵与北宋只有一江之隔，兵戈之声朝夕相闻。

国势衰落，战不能战；尊事中原，心有不甘。李煜实在无力挑起这副烂摊子。一方面，他身为一国之主，也想有所作为，经常与大臣讨论富国强兵之道，还成立了龙翔军，练习水战；另一方面，他贪图奢侈，喜好声色；另外，又迷信佛教，广为布施，金陵城中寺院遍布，宫中常有僧侣出入。

李煜先娶周娥皇为妻，即史书所称的"大周后"，神仙眷侣、情意绸缪。娥皇病故之后，他又娶了周娥皇之妹，即"小周后",更是夜夜笙歌、歌舞不歇。

有《浣溪沙》为证:"红日已高三丈透,金炉次第添香兽,红锦地衣随步皱。"——深宫之中,皇帝与妃子通宵酣饮,竟不知红日早已高上;黄金熏炉里陆续更换了新香,红锦地毯又被宫娥的舞步踏皱。

这边厢醉生梦死,那边厢宋军已经灭了荆南、后蜀和南汉。罗网渐渐收紧,向南唐兜头罩将下来。

北宋开宝七年(974)九月,宋太祖赵匡胤以李煜"拒命来朝"为由,三路并进,兵发江南。其中一路由大将曹彬、

南唐画家周文矩所绘《宫中图》,描绘的是皇宫内的生活场景

《宫中图》(局部)

潘美统率，乘战船沿江东下，在采石矶架起浮桥，接引马步军过江，杀向金陵。

吴越也与宋军联手，自东面发兵来攻。李煜向吴越国王修书一封："今日无我，明日岂有君？"

事已至此，自然是石沉水底、杳无回音。

北宋开宝八年（975）正月，金陵城被宋军和吴越军重重围困，内外隔绝，城中人人惊慌。李煜登城，看到城外皆是宋军的营寨旗帜，大惊失色。

十月，洪州节度使朱令赟率兵驰援金陵，战舰如云、巨木为筏，几乎遮蔽了整个江面。行至皖口（在今安徽安庆境内），两军遭遇，南唐军向宋军船只倾倒火油，不料北风吹来，烈焰反扑，南唐军大败，朱令赟战死。

至此，外援断绝，金陵已成为一座孤城。

这年的十一月二十七日，金陵城门在寒风中缓缓开启，李煜肉袒出降。旋即，他与家人由宋兵押送，沿着大运河北上汴梁（今河南开封）。

秦淮明月依旧，故国却不堪回首。

两年后，李煜在汴梁暴病而亡。据野史记载，宋太宗赵光义在赏赐给他的食物中，下了一种名为"牵机药"的毒药。这一天是七夕节，也是李煜的生日。

死讯传至江南，父老为之一掬清泪。

李煜的死因，也许是因为这首《虞美人》："雕栏玉砌应犹在，只是朱颜改。问君能有几多愁？恰似一江春水

金陵城中，南唐遗韵

向东流。"

  这首词中，流露出情系故国、无限惆怅之意。宋太宗赵光义见了，怎不为之恼火、萌生杀机？

  李煜死后，下葬洛阳之北的邙山。

  300多年前，南朝的陈后主就葬在此处。苍翠邙山之下、滔滔黄河岸边，埋葬着两位南国后主，也算是历史的巧合吧。

第三章　寝宫雄江左

距离南唐亡国尚有八九年。

某一年的春夜，在金陵城南戚家山麓的一处官舍里，灯火稠密，乐声悠扬。

前来赴宴的宾客身份不一，有官员、乐师和僧人，他们或站或坐，或酣饮或顾盼。十数位妙龄女子，或翩翩起舞，或低首弄弦。

几案上，杯盘草草、肴核错落。

此间的主人，正是赫赫有名的韩熙载。他修髯垂胸、神容肃然，似乎与这一晌贪欢的画面格格不入。

宫廷画师顾闳中以丹青妙笔，将这场夜宴描绘了出来。后人将此画命名为《韩熙载夜宴图》。原作已失，现存者为宋代摹本，珍藏于北京故宫博物院。

韩熙载并不仅仅以这场著名的夜宴而为人所知。

其实，他还是南唐帝陵的"设计师"之一。在烈祖李昪死后，韩熙载与同僚江文蔚奉命，主持规划建造了钦陵。

第一节　帝陵"设计师"

韩熙载，字叔言，出生在晚唐五代的一个官僚家庭。关于他的籍贯，大多认为是北海人，也就是今天的山东潍坊；他本人却说是"本贯齐州"，即今天的山东济南。

"安史之乱"之后，藩镇平卢军占据了山东半岛。韩熙载的父亲韩光嗣在平卢军中任职多年，后唐同光四年（926）二月，戍守河北的兵卒发生哗变。平卢军随之骚然，推举韩光嗣为代理节度使。朝廷派大军平叛，韩光嗣被杀。

那一年韩熙载才考中进士，"横行四海，高步出群"，正是踌躇满志之时。一夕之间，家破人亡。他被迫亡命江南。

在南北边界上，韩熙载与友人李谷痛饮而别，放言："在江南，我如果当上宰相，准定会率军北上，收复中原。"

公元947年，契丹南侵，将后晋末帝石重贵俘虏北去。韩熙载向李璟建言，乘着中原空虚，迅速派兵北伐，则大事可定。李璟犹豫再三，终于错失了良机。

待到后周建立，有好事者倡言北伐。韩熙载却摇头叹息，说："北伐原本是我一直坚持的，但时至今日，已不可为之。"

北宋建隆二年（961）的秋天，韩熙载出使汴梁（今河南开封），回到了北方故土。物是人非，他唯有惆怅而已。

在馆舍的板壁上，韩熙载挥毫写道："仆本江北人，今作江南客。再去江北游,举目无相识。"——不如归老江南。

韩熙载才气逸发、意态洒然,见者以为神仙中人。当时的著名文士,如萧俨、江文蔚、常梦锡、徐铉、徐锴、潘佑、舒雅、张洎等,皆集聚其门下。其中,韩熙载与徐铉并著文名,号称"韩徐"。

一开始,对于朝中政事,韩熙载无所顾忌、直言不讳,得罪了宋齐丘、冯延巳等"宋党"人士。他一度被贬在外,直到"宋党"失败之后,他才回到朝中。

多年的宦海浮沉,将韩熙载的一腔豪情壮志消磨殆尽。他"畜女乐四十余人",沉湎于温柔乡中,借酒色以避世。

在《南唐近事》中,记载着这样一个故事:韩熙载每月将朝廷所赐的俸钱,统统分与家中姬妾。自己穿破衣、背小筐,命门生舒雅执手板,走在前面,到姬妾们所住的院子门前"乞讨",以为笑乐。

流言蜚语传到宫中,后主李煜将信将疑,派顾闳中夜入韩宅,窥探究竟。

顾闳中记忆力过人,将韩宅的夜宴情形尽数搬上纸端。这就是长逾3米,分为听乐、观舞、歇息、清吹、送客五段的《韩熙载夜宴图》。

韩熙载是这场狂欢的主角。他戴纱冠、着纱袍,或端坐聆听,或击鼓助舞,或坦腹东床,或举手伫立,神色却

《韩熙载夜宴图》之"听乐"

《韩熙载夜宴图》之"观舞"

《韩熙载夜宴图》之"歇息"

《韩熙载夜宴图》之"清吹"

《韩熙载夜宴图》之"送客"

始终凝重。

赴宴的男性宾客，包括太常博士陈致雍、紫薇郎朱铣、教坊副使李嘉明、状元郎粲和进士舒雅，以及僧人德明，皆为当时金陵城中的名流。

画中女性，大多数是韩熙载蓄养的姬妾。她们面容娇媚，表情自然。舞姬王屋山尤其引人注目，她舞姿轻盈、翩跹袅娜，毫不扭捏作态。

据说，李煜是想任命韩熙载为宰相的。见状，只得叹道："此翁如此荒唐，我拿他没有办法。"

予人以放荡不羁形象的韩熙载，其实是以"知礼"著称的。

在中国古代，"礼"是用来维护国家形象与等级秩序的典章制度，约束着人们的言行举止。

先秦时期，儒家编订了《周礼》《仪礼》《礼记》，成为礼法方面的教科书，为历朝历代所尊奉。朝廷每有大事，比如祭祀、征伐、婚娶等，一定要有熟知"三礼"之人提供意见，以免出错。

在南唐，韩熙载就是这样一位人物。每当朝廷遇到礼仪不合规范之处，韩熙载就会"随事举正"，一一指出。

由于他满腹经纶、学问渊博，登门求他撰写碑志铭文的，犹如过江之鲫，络绎不绝。

有一次，宰相严续奉上重金，并赠以美女，请韩熙载为其亡父撰写碑文。韩熙载鄙夷严续的为人，草草应付了事。严续拿到文稿后，大失所望。这人也是小家子气，将稿费和美女统统要了回来。

江文蔚比韩熙载小1岁，亦通晓典章制度。

他原本在北方做官，因事获罪，只得逃奔南方。烈祖李昪用其所长，让他拟定朝廷的礼仪制度，终南唐之世，一直沿用。在中主李璟时，他又以翰林学士的身份，主持南唐首次科举考试,录取庐陵(今江西吉安)的王克贞等三人进士及第。

李昪死后,李璟命江文蔚、韩熙载"董治山陵事",全权负责钦陵的规划与建造。在古代人看来,皇帝的死就像山崩地裂一般,比作"山陵崩";"山陵"也就成为帝王陵墓的代称。

江、韩二人同属"君子之党",在规划钦陵一事上,志同道合、声气相通。负责朝廷礼仪事务的机构,名叫"太常寺"。当时,李璟任命江文蔚"判太常卿事",主持太常寺的全面工作;韩熙载兼任太常博士,发挥他的学问、文采所长,负责拟订李昪的庙号、谥号。

古代皇帝死后,要被追尊为某祖某宗,称作"庙号",比如"汉高祖""唐太宗"等;"谥号",则是对有身份地位的死者,给予"盖棺论定"式评价的称号。比如抗金名将岳飞的谥号为"武穆"。

在讨论时,同僚萧俨认为,李昪是"中兴之君",应以规格高的"祖"作为庙号。江、韩二人采纳了他的建议,遂定李昪的庙号为"烈祖"。

钦陵虽无高大崇峻之姿,却也构造精美,与山麓浑然一体。

李璟极为高兴,待到葬礼结束后,给了江文蔚、韩熙载更好的职务。朝廷任命公布后,"论者美之"。

之后,顺陵的修建皆依照钦陵之规矩。所不同者,由

钦陵陵门

于当时南唐国力不济,其格局规模较钦陵潦草而已。

南唐保大三年(945),李昪之妻宋氏亡故,追谥"元敬皇后",祔葬于钦陵。北宋乾德三年(965),李璟之妻钟氏病死,追谥"光穆皇后",亦按惯例祔葬于顺陵。

与许多帝王陵墓相似,南唐二陵也逃不过被盗的命运。

曾昭燏在《南唐二陵发掘简略报告》中说:

"两陵的建筑,都希望万世永固……谁知不到四十年,就全被盗了。""二陵的被盗,都是盗掘者选择了墓室最弱的地方,砖砌的墓室顶或墙顶的一角,打个洞下来,不走墓门。我们认为盗掘者对于墓的构造,有相当的熟悉……"

南唐二陵的被盗,大概在"甲戌之役"前后,即北宋开宝七年(974),宋军会同吴越军围攻金陵之时。兵荒马乱,正是盗墓贼下手的好机会。

从墓室的破坏程度看,盗掘次数在三次以上。白骨荡然,珠玉殆尽。

第二节 地下"宫殿"

遥想南唐二陵初建,"背倚天阙,面矗云台",在青山翠岭之间,地上屋宇巍峨,地下玄宫华丽。

也不知经历了多少雨打风吹,如今,地表建筑早就消失不见,地基皆已开垦为农田,唯有土埂依稀可辨,应为当年茔域的周界。

农民们在耕种时,在地下掘出过础石以及瓦砾、白瓷碎片,证明这里曾经有过雕梁画栋、兽脊飞甍。

钦、顺二陵东西并列,相距约50米。

钦陵坐北南向,遥对远处的云台山。它的进深为21.48米、宽10.45米,有前、中、后3间主室,两旁另有10间耳室。前、中两室为砖砌后室及其所附6间耳室

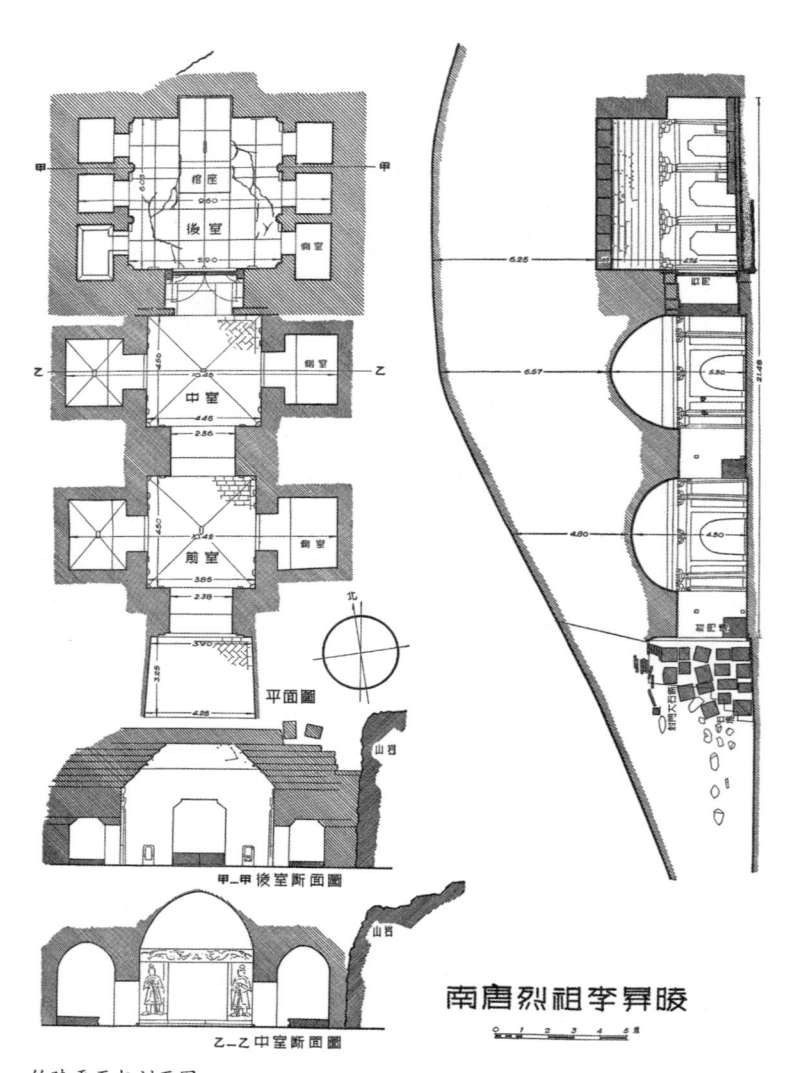

钦陵平面与剖面图

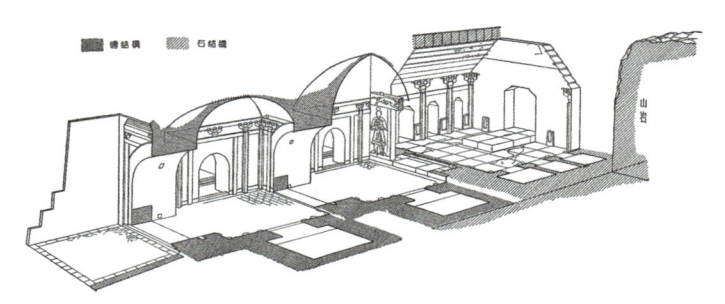

钦陵透视图

封门石

直接从山体中开凿而成，可见人力花费之巨。

墓门作圆拱形，门外曾以长方形青石封塞，封门石总计有 3 米多高，上面还堆砌 8 层石板，将墓门遮得严严实实。

步入墓门，光线瞬间暗淡下来。

墓门及门洞均以朱砂涂作深红色，典雅而肃穆。门旁为八角形或矩形倚柱，门楣上方是砖砌的挑檐，造型简洁大方。墓门以及 3 间主室两侧墙壁的上面，用砖砌或石雕的方法，做出各式倚柱、立枋、阑额、斗栱。

走过门洞，就是进深 4 米多的前室。

前室的墙壁同样为深红色；有砖砌的倚柱、斗栱、立枋、阑额，皆以彩绘敷染；室顶以青砖层层叠砌，合拱成穹隆状，顶点距离地面 4.3 米。

左、右两间耳室内砌有案台，用来放置金碗玉盏、酒器茶铛等物。这些生活器皿是供墓主随时取用的，如同他们生前所做的一样。

钦陵内景

中室与前室相似，空间略大，也有两间耳室。东、西、南三面墙壁上，同样敷彩涂丹、金碧耀眼。

唯有北墙别具特色，两旁为整块青石立壁，分别刻有浮雕武士像。只见他们头戴铁盔、身穿鱼鳞金甲、手握长剑、双目圆睁，作守门之状。

钦陵中室

石刻武士示意图

守护钦陵的金甲武士（左）　　守护钦陵的金甲武士（右）

立壁之间是一堵墙，用青石板封砌，将后室隔断。墙面连同青石板亦涂为深红色。上面横搁着一条青石门额，刻"双龙攫珠"浮雕。两条五爪金龙，张牙舞爪、凌空欲飞，中间是一颗火焰光珠，下托云彩。

在这幽暗世界中，武士与金龙始终忠贞如一地守护着自己的主人。

中室和后室之间有甬道相连。走过甬道，迎面是两扇倾侧的石门。门前，原先亦用石块封砌，在考古发掘时尽皆移去。门上有五排钉孔，在门外淤土中埋有少数黄铜钉帽，大概是当年盗墓贼所遗落的。

重扉轻启，最为神秘的后室就出现在眼前。

它作为钦陵的主室，为青石构造，进深将近 6 米，空间开阔。东、西两壁皆有八角形倚柱、斗栱、立枋、阑额，上面施以彩绘图案。这些建筑构件彼此勾连，巧妙地隔出 6 间耳室，东西各 3 间，宛如西方的柱廊，何其精巧雅致。

后室的正中，就是停放李昪与宋氏棺椁的棺床。

棺床用 6 块大青石拼嵌而成，正面和两侧刻有 8 条三爪金龙，边沿浅浅雕出牡丹、卷草和海石榴花的图案。

棺床的上方，正对着高高的室顶。

室顶用青石条砌成，上面绘有天象图——红日东升、明月西垂，灿烂星斗、出没其间。与之对应的，自棺床底部向外，刻出两道蜿蜒曲折的石槽，宛若江河流经大地。

这种上具天文、下具地理的装饰，正是帝王陵墓的象

钦陵后室东壁彩绘

钦陵棺床海石榴花纹

钦陵石棺床金龙浮雕拓片 （资料来源：南京博物院《南唐二陵发掘报告》1957年版）

钦陵后室柱、枋、阑额上的彩绘（局部）

征，意味着受命于天、江山一统。

后室北墙上，开凿出一个壁龛，石棺床的一头就嵌入壁龛内。石棺床的中央有一个坑洞，名为"腰坑"，为长方形，洞内甚浅。由于墓室被盗窃损毁石棺床上早已荡然一空。

后室四壁还有12个小龛和凹槽，都是用来安放陶俑的。

东西墙壁上，尚能看到一对钩挂幕帐的铁环。铁环锈迹斑斑，而当年宫女一针针绣出的绮罗幕帐，早已化作轻灰，消失在历史的迷雾中。

钦陵后室室顶的天象图 （资料来源：南京博物院《南唐二陵发掘报告》1957年版）

钦陵后室青石板地面上的江河"地理图"

钦陵后室北壁及石龛

  顺陵的形制与钦陵仿佛，只是规模和格局都要逊色许多。

  它也有前、中、后 3 间主室，以及 8 间耳室，全部为砖砌，进深、宽度与钦陵相近。前室、中室均有倚柱、斗栱、立枋和阑额，但并无浮雕石刻，仅将墙壁涂成深红色；室顶也作穹隆状，但仅以白灰粉饰。

南唐二陵

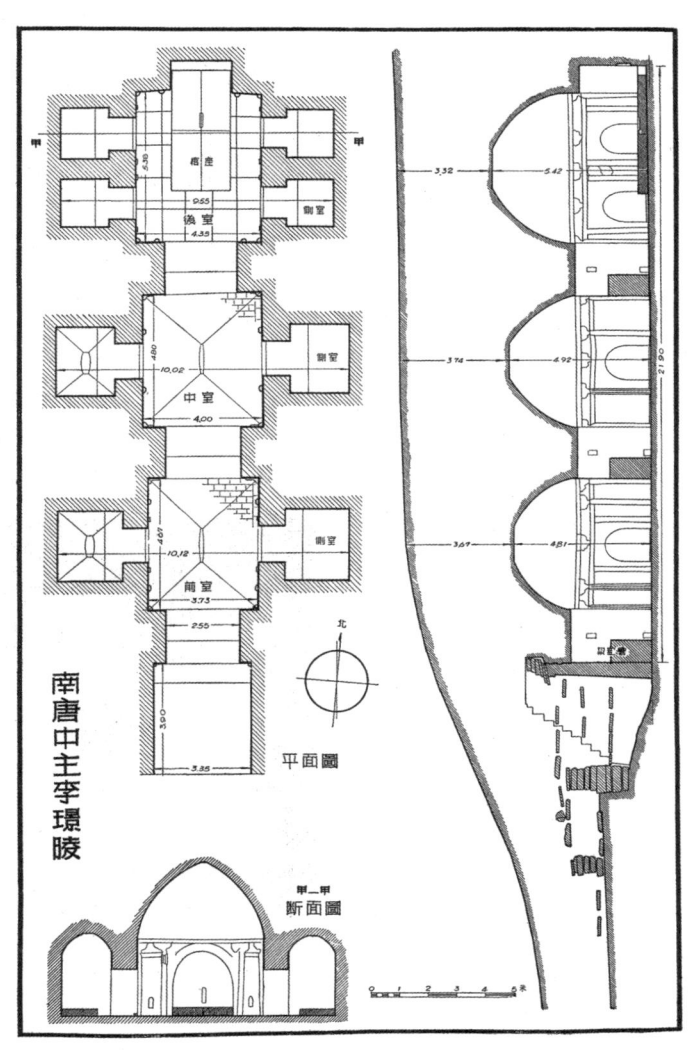

南唐中主李璟陵

平面圖

北

甲—甲
斷面圖

顺陵平面和断面图

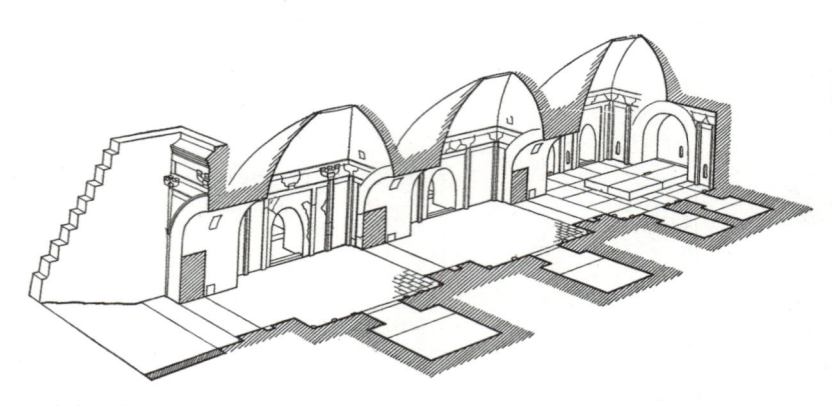

顺陵透视图

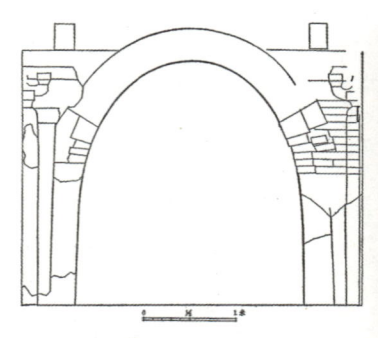

顺陵前室门示意图

顺陵前室内景

后室稍微考究一些，倚柱、斗栱、立枋、阑额皆有彩绘。室内正中，用 4 块大青石拼嵌成一张棺床，当年停放着李璟与钟氏的棺椁。棺床未做任何雕饰。

后室的顶部，也绘有天象图，但早已剥蚀脱落。当年考古发掘时，工作人员看到室顶还残存着数颗"星星"，"在偏近西南角悬着一轮用青石画成翠色的团圆的明月"。从中可以想见，原先是怎样一幅"瑰丽的图画"。

顺陵后室中的石棺床

顺陵外景

　　顺陵所用砖块厚薄不等。有一种薄而窄的砖，上面印有"千秋""万岁""池腾"等字样，乃是造砖人信手刻在砖模之上的，"池腾"或为造砖人的姓名。
　　相比钦陵的富贵逼人，顺陵实在是太朴素了。令人难以相信，它居然是一位帝王的陵墓。

第三节　唐制"继承者"

　　学者沈睿文称："帝陵跟王朝政治、礼制文化关系最为相契，桴鼓相应。"
　　在墓葬方面，南唐二陵可谓是唐代礼制的"继承者"。

关中平原之上，绵绵渭水之北，依托高低起伏的黄土坡塬，自东向西排列着 18 座唐代皇帝的陵墓。它们被称为"关中唐十八陵"。其中，有 16 座依山为陵。

自唐高宗李治与皇后武则天的乾陵开始，唐代帝陵开始形成一套规范——陵墓分为地上陵园和地下玄宫两部分。

地上陵园犹如皇城的缩影，有外城、内城和皇宫。最主要的建筑是献殿和下宫。献殿在陵墓的正南，主要用于朝拜、祭祀；下宫位于陵墓的西南方，为墓主"起居"之所。

唐高宗乾陵的规制，对南唐二陵影响极大

在宽阔的神道两侧，肃立着高大的石人、石兽。比如著名的"昭陵六骏"，就是以唐太宗李世民生前所骑的"飒露紫""白蹄乌"等战马为原型雕刻而成，形象生动、神骏无比。

蓝天之下、黄土之上，殿堂、石刻依次排列，与远处的山陵浑然一体、气势恢宏。

对于唐陵的地下玄宫部分，目前所掌握的考古资料有限。

在"关中唐十八陵"中，唯一考古发掘的是唐僖宗李儇的靖陵。其地下玄宫由墓道、甬道、墓室组成，墓室内有一座石棺床。建造靖陵之时，大唐帝国已经走到了末路，"夕阳无限好，只是近黄昏"，因此规制草草，难见盛唐气象。

进入五代十国，"关中唐十八陵"遭到了疯狂盗掘，地上的崇阁华轩皆化作尘土，藏于地下的珍宝也被席卷而空。

南渡之前，青年时代的韩熙载、江文蔚，也曾往来故都长安，行经秦岭、渭水，目光所及之处，仅能看到残碑断碣，寂寞向西风。

多年之后，在主持设计建造钦陵时，韩熙载、江文蔚的脑海中想必屡屡浮现"关中唐十八陵"的影像，在陵园布置、建筑样式等方面，亦步亦趋，竭力加以模仿。

考古发现，南唐二陵与唐代帝陵的地上布局颇为相似。

在祖堂山南麓也存在着一处陵园，将钦陵、顺陵包围在内。由于岁月变迁，垣墙、陵门、神道等地表建筑早已颓圮消失。目前仅存的部分夯土台基遗迹，推断即为当年献殿、下宫的所在。

至于地下玄宫方面，唯一考古发掘的靖陵不足为凭，其他唐代帝陵至今未曾发掘，其内部的情形究竟如何，只有以"号墓为陵"的唐懿德太子墓、永泰公主墓及章怀太子墓为标本。

这三座墓建造于盛唐时期，虽说是太子或公主之墓，在规格上却与皇帝的陵墓接近，将它们与南唐二陵对比，能够得出一个比较科学的答案。

懿德太子李重润为唐中宗长子，大足元年（701）遭人构陷，与其妹夫武延基同为武则天杖杀，死时19岁，陪葬乾陵。

懿德太子墓为覆斗形，封土高约18米，地下玄宫部分由墓道、甬道，及前、后两间墓室组成。墓室内绘满壁画，其中的"朱辂仪卫图"尤有赫赫气势；甬道与石门上皆有纹饰，墓室为穹隆顶，后室内停放着一座庑殿式石椁，另外还发现了11枚玉哀册的残片。

永泰公主是唐中宗第七女，在丈夫武延基获罪被杀后，悲伤过度，难产而死，陪葬乾陵。

永泰公主墓亦为覆斗形，封土高约14米，与懿德太子墓一样，玄宫之中，有墓道、甬道，以及前、后两间墓室。墓室内同样绘满壁画，画面上宫女形象生动。后室停放着一座庑殿式石椁，开有两扇石门，左右各刻一名宫女画像。

章怀太子李贤为唐高宗第六子，上元二年（675）被册立为太子，调露二年（680）废为庶人，流放巴州（今四川巴中），不久被逼令自尽，年仅29岁。神龙初年（705），唐中宗派遣使者到巴州，迎回李贤灵柩，陪葬乾陵。景云二年（711），唐睿宗又追谥李贤为"章怀太子"。

章怀太子墓封土高约18米，其玄宫也由墓道、甬道，以及前、后两间墓室组成。墓中绘有50多组壁画，上面描绘着出行游猎、马球比赛等内容，以及青龙、白虎、日月星辰等图案。墓室为穹隆顶，后室有庑殿式石椁一座。另外，还出土了两方墓志。

这三座墓中的壁画内容丰富多彩，反映出大唐兴盛之时的景象。尤其值得一提的是：墓中均绘有"列戟"图案。在唐代，列戟数量象征着地位的高下。永泰公主墓列戟12杆、章怀太子墓列戟14杆；而懿德太子墓列戟竟然有24杆之多，已属于帝王级别。

细看懿德太子、永泰公主及章怀太子的墓内构造，与南唐二陵的玄宫何其相似——有多间墓室，有壁画，有石棺椁，甚至也有玉哀册。

而在墓室数量上，南唐二陵比懿德太子、永泰公主及章怀太子墓多出一间，而且辟有耳室。显然，前者的规格等级更高，更符合天子的身份。

公元918年，李昪仍为自己的帝王事业打拼之时，在西方的四川盆地，前蜀国皇帝王建一命呜呼。其灵柩安葬在成都郊外，号曰"永陵"。

1941年早春至1943年的秋天，考古工作者对永陵进行了全面的考古发掘。当时，抗战烽火弥天，此项工作之艰辛自不待言。然而，对永陵的发掘也极富价值，"堪称中国考古史上具有开创性意义的事件"。

章怀太子墓《列戟图》（资料来源：张桢《棨戟遥临——陕西历史博物馆藏〈列戟图〉的前世今生》）

从头至尾参与其事的考古学家冯汉骥，在《永陵——王建墓的发现及发掘》中写道："众所周知，皇帝的葬礼极为隆重。但帝陵内部情形如何却是长期未解之谜，就唐代帝陵而言尤其如此。永陵的发掘终于揭开了唐代皇帝丧葬礼仪的部分秘密。"

王建年轻时曾栖身草莽，绰号"贼王八"，后来投入神策军，从小校一路做到皇帝身边的亲信将领。20年间，他击败四川境内的大小军阀，称雄一方，于天复七年（907）九月称帝，国号"大蜀"，历史上称为"前蜀"，以区别于孟知祥建立的"后蜀"。

永陵建造于唐亡后不久。前蜀官员绝大多数在唐代任过职，为王建制定葬礼、规划墓葬之时，必然"抄袭"了许多前朝的做法。

考古发现，永陵建于平原之上，现存封土高约15米，墓门朝向正南，墓前原有享庙、石碑以及翁仲等，如今皆无踪迹可寻。

永陵的地下玄宫，恰如南唐二陵，同样有着前、中、后3间墓室。可见，"3间墓室"是五代十国帝王的标配。

区别在于永陵以中室停放棺椁，中央安放着须弥座。"须弥"是古印度神话中的山名，通常用作佛像的台基。

后室有王建坐像一尊，像前的双层宝盏（一种小匣子）中，盛放着象征皇帝身份的器物，包括玉谥宝、玉璧等。此外，还有两副篆字贴金的玉册，其中之一为哀册，刻着哀悼皇帝的祭文；另一副为谥册，刻有议定谥号的诏书，分别放在髹漆木匣内。

由于历史久远，木棺、木匣等早已腐朽成灰。

棺床由石块砌成，没有受到岁月的侵蚀。石棺床上，刻画着金甲力士、舞女、乐女等人物，线条明快、惟妙惟肖。

前蜀、南唐皆豢养了一批宫廷画家，比如前蜀的黄筌父子，南唐的徐熙、周文矩、顾闳中等人。他们个个技艺精湛、各领风骚。从南唐二陵与前蜀永陵的壁画石雕中，也可以看出当时宫廷画技之精妙。

前蜀王建永陵出土的玉谥宝

与南唐二陵一样，前蜀灭亡之时，永陵已遭盗掘，大多数陪葬品鸿飞冥冥。不过，劫后余珍也很可观，让世人得以窥见李昪、王建这样的五代十国帝王，是如何踵步盛唐、顾盼自雄的。

草蛇灰线，伏脉于千里之外。

南唐二陵与前蜀永陵相距遥遥，却有着许多相通之处，例如封土为陵、墓有3室、哀册如仪等。它们明显表现出对唐代墓葬制度的模仿。

另一方面，以南唐二陵为代表的五代十国陵墓，也呈现出承故布新的鲜明特征。比如南唐二陵同在祖堂山南麓，共用同一座陵园；在墓室内，用砖石做出倚柱、立枋、阑额和斗栱等建筑构件。这些建筑构件灵巧生动、别有意趣，也深深地影响了北宋以后的墓葬制度。

唐宋之交，社会剧烈动荡。昔日的门阀贵族，若热汤沃雪，倏然消亡，虬髯武夫、白衣秀才如走马灯一般走上历史舞台。

旧夜将逝，新的黎明已经走近。

出现在历史转折处的南唐二陵，其在营造中的独运匠心，又何尝不是"唐宋变革"中的一朵美丽浪花呢？

第四章　墓中有奇珍

檀板清脆、羯鼓声急，一个碧眼胡儿正在翩翩起舞。

此人头戴乌纱幞头，身穿交领窄袖缺骻袍，腰束革带，脚上套一双乌皮长靿靴，飘然旋转。只见他舞至酣处，衣襟披散开来，露出微凸的小腹。

这一幕场景，或许在南唐的宫苑里无数次上演过。

但我们眼前所看到的，只是一个陶土烧制的舞俑，来自"南唐二陵"中的钦陵。在钦陵出土的陪葬品中，这样的男性舞俑共有一对。它们高46厘米，胡人打扮，衣衫施以朱粉，肌肤则涂为肉红色。

南北朝以来，随着民族大融合，具有少数民族服饰特点的幞头、缺骻袍、长靿靴渐为中原人士接受。因为与汉族的峨冠博带相比，"窄袖利于驰射，短衣、长靿皆便于涉草"。

具体来说，缺骻袍就是在腰身两侧开衩的长袍，有圆领、交领两种款式，最早是军人所穿，方便骑马打仗。长

东方文化符号

现藏于北京故宫博物院的一尊男舞俑 （资料来源：《紫禁城》2015 年第 8 期）

勒靴，就是长筒皮靴。幞头出现于南北朝晚期，是以薄罗纱将男子的发髻包裹起来，又名"折上巾""软裹"。到了唐代，从天子到庶民，几乎无人不裹幞头。又以幞头脚的形状不同，分为"平头幞头""硬脚幞头""软脚幞头""翘脚幞头"等。北宋时期，更以极为夸张的"展脚幞头"为后人熟知。

让我们将目光回到钦陵的这对舞俑身上。

他们神态生动无比，右肘上举、左肘下垂，微微转首、扭腰摆胯，仿佛在跳一曲西域的《胡旋舞》。正是"弦鼓一声双袖举，回雪飘飖转蓬舞。左旋右转不知疲，千匝万周无已时"。

南唐二陵历史上屡遭盗掘，但在20世纪50年代初进行考古发掘时，仍然出土了640多件珍贵文物，包括陶俑、玉哀册、石哀册、瓷器、陶器、铜器、铁器等。

从数量上说，出土的陶俑最多。

其中，人物俑190件，约占全部出土文物的三分之一；马、骆驼、狮子、狗、鸡、蛙等动物俑21件；最特别的是人首蛇身、人首鱼身和人首龙身俑，共计20件。

玉哀册、石哀册，是南唐二陵最具史料价值的文物。

钦陵出土的是玉哀册，比较完整的有11枚，略有残缺的有12枚，另有边角残块5片。顺陵出土的则是石哀册，共40枚，皆已残缺，其中有字的仅为20枚。

此外，还有陶瓷器200多件，安放陶俑的陶座200件左右，以及铜、铁、漆、木、玉器等若干件。

这640多件文物，如同一面莹然铜镜，映照出南唐宫廷的真实面目。

第一节　陶俑之美

南唐二陵陶俑种类之多、造型之美，在五代十国墓葬中是不多见的。

不同于唐代妇人的丰腴雍容，南唐二陵的人物俑身材颀长，更为纤柔妩媚。相比而言，钦陵人物俑尤其精美，为当时陶俑制作的最高水准；顺陵人物俑制作相对潦草。

一、人物俑

皇宫别殿之内，明烛烁烁，觥筹交错，一场酒会正在热热闹闹地进行中。殿阁内外，文吏、武士拱手站立，宫嫔、侍女盛装打扮，伶人、舞姬身姿灵动……

南唐二陵的190件人物俑，将这场"别殿夜宴"永久地凝固下来。在幽暗玄宫深处，仿佛仍有檀板、箜篌之声，至今回响不绝。

这些人物俑如果按照性别划分，可以分为男俑和女俑两大类；若以身份区别，则有内侍、文吏、宫嫔、武士、侍女、伶人、舞者等；从身体形态上，又可分作拱立俑、持物俑、舞蹈俑。

下面，就以男俑、女俑为类别，逐一细说。

（一）男俑

南唐二陵出土的男俑计有 85 件。

考古工作人员参考《唐六典》的相关记载，通过对男俑衣冠服饰和身体仪态的研究，判断其在南唐宫廷中，至少代表了五个阶层的人物。

第一阶层之人，是内侍省的高级宦官。

他们头戴梁冠或乌纱幞头，身穿交领阔袖长袍，面白无须，双手在胸前交叠或捧笏板，神色肃然。

唐代设有内侍省，专为皇帝和后妃服务。南唐宫廷也应沿袭了这一制度。内侍省上上下下，全部是净身入宫的宦官。其中，高级宦官属于皇帝身边的近侍，有"内侍""内常侍""内给事"等官职，品级在五品以上，负责陪同皇帝出行、传达圣旨等。

第二阶层之人，是内侍省的小宦官。

他们头戴软脚幞头，穿圆领缺骻袍，双手拱立，似在端着物品，供皇帝取用。

这一类小宦官，是品级卑下的"寺人"，甚或是没有品级的裹头宫监。他们身份低微，在内廷供大宦官们驱使，终日奔走劳役。

第三阶层之人，头戴风帽或软脚幞头，穿圆领缺骻袍，面带微笑，有胡须飘洒胸前，可知并非宦官。

一种说法认为：他们是随侍内廷的低级文吏。

另一种说法是：戴风帽者为"蒿里老翁"。蒿里老翁，

东方文化符号

戴梁冠男俑　　　　　　　戴幞头男俑

戴风帽男俑　　　　钦陵出土的持圆形盾武士俑

是所谓的"冥界神灵"，又称"蒿里老公"或"蒿里丈人"。在中国神话传说中，"蒿里"位于泰山之南，为冥界所在。古人往往在墓中的西北角放置蒿里老翁像，将死者托付于这位冥界之神。

第四阶层之人，一望而知是宿卫宫中的羽林军士。

他们头戴头盔或小冠，有的披甲持盾，有的执棒按剑，好不威风凛凛。

第五阶层之人，是供奉内廷的伶人舞者。

他们戴软脚幞头、穿窄袖缺胯袍，高鼻深目、胡须黔黔，作翩翩起舞之状。

唐代有专门的教坊，畜养伶人，为皇帝提供娱乐服务。唐玄宗还创立了梨园，曾以羯鼓伴奏，令杨贵妃领舞《霓裳羽衣曲》。五代十国继承了教坊制度，后唐庄宗因为宠

钦陵出土的男伶人俑 　　　钦陵出土的男舞俑

信伶人，结果误国亡身。北宋欧阳修为此专门写了《伶官传》，以作史鉴。

南唐宫廷也有教坊，出现在《韩熙载夜宴图》中的李嘉明，其职务便是教坊副使。《霓裳羽衣曲》失传已久，大周后亲手重新谱写，还在宫中做了表演。

南唐宫中，有传自西域的舞乐。

昇元二年（938），烈祖李昇宴请高丽国的使节，令宫廷舞者跳龟兹舞。龟兹在今天的新疆，唐代是安西都护府的治所。龟兹舞在中原享有盛名，舞者每每作胡人打扮，跳至酣处，急转如风，"谓之胡旋"。

从李昇款待高丽国使节的故事来看，他是很喜爱西域舞乐的。在他死后，以善舞的伶人为原型，制作成陶俑，带到地下，也就顺理成章了。

钦陵中还有一类双手持物的男俑，据推测可能是十二生肖俑。他们戴软脚幞头，双手捧着十二生肖中的牛头、猪首等。

十二生肖俑是古代的随葬器物，用来"辟邪"。一种做成人的身子，再配以不同生肖的头像；另一种是做成人的形状，以双手捧着生肖动物。

在杨行密之女寻阳长公主的墓中，也发现了这样的生肖俑。

（二）女俑

"六宫官职总新除，宫女安排入画图。"

南唐二陵出土的女俑计有 105 件。根据衣冠服饰的差别以及身姿仪态，她们分别属于三个阶层。

第一阶层之人，是后宫的妃嫔和女官。

作为皇帝身边的妃嫔，她们服饰华丽，穿直领大袖襦衫、云肩、胸衣、曳地长裙，梳着簪花高髻。

还有一些服饰打扮略简单的，应当是后宫的女官，她们在高髻上未做装饰，也没有披云肩，而是多了一条帔帛。

依照唐代的宫廷制度，妃嫔属于"内官"，有贵妃、昭仪、美人、才人等名号；此外，还有尚宫、尚仪、尚服、尚食、尚寝、尚功等"宫官"，如同外朝的六部尚书。

南唐以李氏后裔自居，宫廷制度也与唐代相近。比如南唐攻灭马楚时，将尚在垂髫之年的黄氏掠入金陵后宫。她长大后，以美貌聪慧著称。后主李煜对她甚是宠爱，封为妃嫔之一的"保仪"，掌管宫中的典籍书画。

"云想衣裳花想容"，唐代女子的服饰最为艳丽不过。周昉《簪花仕女图》描绘就是这方面的代表。

图中的女子，俱穿薄罗大袖襦衫，高绾云髻，横戴钗簪及金步摇等首饰，脚穿高头丝履，款款而行，雍容华贵。

她们在襦衫内穿着胸衣，酥胸半露。胸衣又名"诃子"，相传为杨贵妃发明；在襦衫外面，往往还要披一条帔帛，就是缠绕于手臂、肩上的长巾。

她们所穿的长裙以红色为主，别称"石榴裙"，多用六幅衣帛制成，格外肥大。

衫、裙、帔这"三件套"，是唐代女子经典的服饰搭配，这一风尚延续至五代十国时期。在五代十国墓葬中，有许多穿直领或交领大袖襦衫、着胸衣、梳高髻的仕女壁画或陶俑。

南唐二陵中，妃嫔及女官所穿服装，即与《簪花仕女图》相似，只是直领襦衫并未系带，自然披垂而已。

说完衣裳，再说发型。

唐代的高髻，式样有很多种，比如蝉鬓、倭堕髻等。五代十国时期，高髻依然流行。南唐史书称，大周后发明了"高髻纤裳及首翘鬓朵之妆"，也就是对之前的高髻以及发饰做了改进——将头发高高梳起，上面簪以花朵，鬓角斜插钗簪，发髻前插步摇，两旁垂鬟过耳，款移莲步，摇曳生姿。于是，宫内宫外，人人效仿这一时尚。通过南唐二陵妃嫔及女官陶俑的高髻，可以追想当时"人皆效之"的情形。

在妆容上，唐代的女子们也用尽了巧思。

她们在脸上，或者只涂抹铅粉，谓之"白妆"；或者施以红粉，谓之"红妆"；将眉毛染成翠色，形容为"眉如翠羽"；在额头涂上黄粉，谓之"额黄"；双颊点上赤红色的圆点，叫作"妆靥"。

此外，她们还要在眉心贴一朵"花钿"。据说，南朝刘宋的寿阳公主在午睡时，恰好有一瓣梅花落在她的眉心，

钦陵出土的大型拱立女俑　　钦陵出土的拱立女俑

"拂之不去"。宫女们纷纷效仿，谓之"花钿"。唐代的"花钿"以珍珠、云母、金箔等为材料，剪出各种样式，贴在额头。

林林总总，花样繁多。

唐代乃至五代十国时期，女子们在清晨起床后，光是梳洗打扮，就需许多工夫。晚唐诗人温庭筠所写的"小山重叠金明灭，鬓云欲度香腮雪。懒起画蛾眉，弄妆梳洗迟"，描写的何尝不是南唐内宫的旖旎景象？

第二阶层之人，应当是地位较低的宫女。

她们面容温婉恭顺，梳着高髻，面施朱粉，穿直领对襟襦衫、长裙；她们的双手拱立在胸前，应该是捧着各式日常器具，如笔砚、巾栉、水盂、拂尘、团扇、唾壶等，以备皇帝所用。

宫女们为做事方便利索，大多穿着窄袖袍衫，和以麻绳编底、丝线为帮的线鞋，头梳单髻或双髻。

另有一种"裹头内人"，类似男子装扮，戴乌纱幞头，穿缺骻袍、长靿靴。她们的身份与裹头宫监一样，干的是粗活累活，从早到晚，忙碌个不停。

第三阶层之人，就是教坊女伎。

她们与男性舞者一样，通常作胡女打扮，穿交领缺骻袍，衣袖极长，"红衫窄裹小撷臂"，作顿足起舞状；也有穿曳地长裙的，挽着稍微向右倾斜的发髻，衣袖同样窄而长，作扬袖起舞状。

史书记载，南唐宫廷宴乐之盛，比《韩熙载夜宴图》有过之而无不及。丝竹之声缥缈悠扬，舞姬连臂踏歌曼舞。个中的一二女子倘若为君王看中，便可飞上枝头，改变人生的命运。

在南唐宫中，就有这样一个故事：

宫女窅娘擅长歌舞，长相也很娇媚，为在众人之中脱颖而出，她将双足紧裹，好似新月弯弯、寒琼一握，走起路来摇摇曳曳。窅娘凭借这一特别之处，果然换来后主李

钦陵出土的女舞俑

煜的顾昑。

李煜命工匠打造了一朵六尺高的金莲花，让窅娘登上金莲花，盘旋而舞。"石榴裙束纤腰裊，金莲稳衬弓靴小。"从此，"三寸金莲"成为女子小脚的代称。

南唐为北宋所灭后，窅娘穿白衣、戴乌纱幞头，依然如小宫女打扮，跟随李煜来到开封。

后来，李煜病故，窅娘也不知所踪。

五代十国时期，最初，人物俑多以木头雕刻而成，再以绫罗绸缎裹在木俑身上，在为死者致祭时，统统付之一炬。徐温的母亲出身贫寒，她临终前叮嘱儿子，这些绫罗绸缎来自民间，烧了实在可惜，应当送给贫苦之人。

也许是受到徐母的影响，此后，陶俑渐渐取代了木俑，也不再耗费绫罗绸缎，改为在陶俑身上绘衣纹、敷粉彩。由此，南唐二陵也才有了这些精美绝伦的人物雕塑。

二、神煞俑

在南唐二陵中发现的20件人首鱼身、人首蛇身和人首龙身俑，有着半人半动物的造型，既具备人的形象，也如同神的化身。

它们神秘而又独特，令人好奇。

在中国古代神话中，经常出现人首蛇身或人首龙身之神。《山海经》中就有"其神皆人面蛇身""其神皆龙身人面"的记载。在汉画像石中，伏羲、女娲的形象亦为双人首、蛇身相互缠绕。不过，伏羲是男子，头戴冠帻；女娲是女子，梳髻鬟。这与南唐二陵之人首蛇（龙）身俑殊为不同。

当年的考古工作者也很疑惑，"南唐何以对于这种俑有特殊爱好，是个有趣的问题"。

其实，它们是一种盛行于唐宋时期的神煞俑。

以神煞俑陪葬这一习俗始于南北朝。

到了唐代，流行风水堪舆之术，"凡大葬后，墓内不立盟器神煞，亡灵不安"的说法为人们接受，神煞俑自北向南普及，所陪葬的墓主阶层亦由低到高，为高门贵族偏爱。

神煞俑名目繁多，以其不同的造型，可以细分为仪鱼、墓龙、地轴、伏听、仰视、蒿里老翁、镇殿将军、十二生肖俑等。

南唐二陵中的人首鱼身俑，通称"仪鱼"；人首蛇（龙）身俑，则称为"墓龙"或"地轴"。

（一）人首鱼身俑

南唐二陵中的13件人首鱼身俑，大致为年轻男子头部和鱼身的结合。

在钦陵出土的3件人首鱼身俑中，只有一件较为完整。它有15厘米高、35厘米长，人首和鱼身巧妙地结合为一体。这个"年轻男子"昂首挺颈，目光平视，头上戴着梁冠，自脖子以下为鱼身，背部有凸起的脊棱，身上有鱼鳞纹，身侧及尾部有鱼鳍。

钦陵出土的人首鱼身陶俑之一（侧面）

　　顺陵则出土了 10 件人首鱼身俑，均为光头男子，目光或平视或俯视，有脊棱凸起，身上有鱼鳞纹，鱼身前端有微微隆起的鱼翅，仿佛鸟之双翼。

　　在唐代，人首鱼身俑一般出现在北方地区的普通士民墓葬中。到晚唐五代时，它"游"向了南方，在贵族墓葬中频频现身。

　　在今天的江苏，除了南唐二陵，扬州的寻阳长公主墓也出土过人首鱼身俑。它系由木头雕刻而成，人首朝前，戴尖顶帽，眼光微微向下，鱼身有背脊、鱼鳍。

　　南唐二陵与寻阳长公主墓中的人首鱼身俑，道出了墓主非同寻常的身份——或为一国之君，或是皇帝之女，极为高贵显赫。

（二）人首蛇（龙）身俑

人首蛇（龙）身俑，因为形状略有不同，或者称为"墓龙"，或者叫作"地轴"。

在南唐二陵中，人首蛇身俑共有4件。其中，只有钦陵的1件比较完整；其他的仅剩下人首或蛇身，看不出全貌。

南唐二陵的人首龙身俑有3件。钦陵出土的1件为双人首共一龙身，头上未戴冠帻，其下似有四足。顺陵出土的2件人首龙身俑中，1件与钦陵的相似，但缺了一个人首，龙身较短；另1件龙身交叉缠绕，呈八字形状，很是特别。

何为墓龙，何为地轴？它们的区别就在于蛇（龙）身

钦陵出土的陶双人首龙身俑（侧面）

是拱起的，还是平卧的。拱起者为"墓龙"，比如顺陵中身体呈八字形状的人首龙身俑；平卧者为"地轴"，比如钦陵中身体平直的人首蛇身俑。

墓龙、地轴的形象，或许与中国古代神话中的"雷神"相关。

古人看到天上电闪雷鸣，犹如龙蛇狂舞、鼓声咚咚，由此产生了丰富的联想。《山海经》就写道："雷泽中有雷神，龙身而人头。"

雷神，在民间又称为"雷公"，其形象历代变化不定，或龙，或人，或鬼怪，或是"豕首鳞身"，或是"尖嘴猴腮"。道教符箓派又说"有四神主掌风雨事"，东南之神"人首龟身"、西南之神"人首龙身"、西北之神"人首鱼身"、东北之神"人首蛇身"，这就与墓龙、地轴和仪鱼非常近似了。

大禹治水时，令这四位雷神镇守东西南北。每年的端午节，要挂上它们的画像，供奉酒水和茶食，请道士施法念咒，祈求风调雨顺。

考古发现，在唐末至两宋时，南方墓葬中频繁发现神煞俑，尤以四川、福建、江西等地居多。其背后的原因，应是北方人口大量南迁，将墓葬习俗带到了南方。

五代十国之"前蜀""后蜀"，皆为来自北方的军阀集团所建立。正是自那个时候起，墓龙、地轴等也出现在四川盆地的贵族墓葬中。

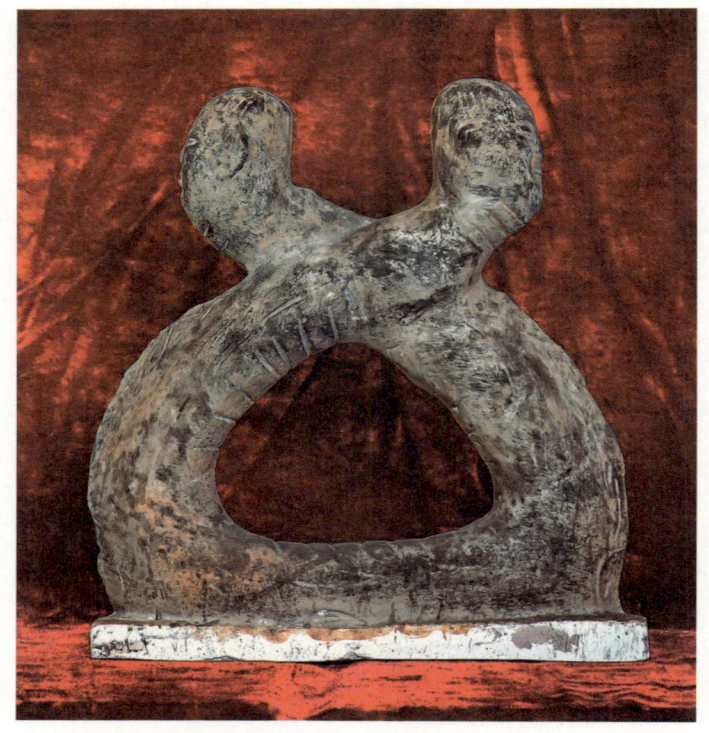

顺陵出土的双人首龙身陶俑（侧面）

　　南唐烈祖李昪出生在淮水之北的徐州，又与李唐皇室攀上血缘关系，南唐二陵中有不少"中原元素"。或许，这就是墓龙、地轴和仪鱼出现在南唐二陵的原因。

　　三、动物俑

　　在南唐二陵中，还有一些陶马、陶狗、陶鸡、陶蛙、陶骆驼和陶狮，它们形象质朴、憨态可掬。

陶马有 5 件，其中 3 件较为完整。它们皆屈腿跪卧，一匹似为成年之马，体型较大，颈上鬃毛披拂；另外两匹似为马驹，体型较小，颈无鬃毛。

陶狗仅有 1 件，蹲伏在地，头微微扬起，似在警惕着周围的动静。陶鸡有 2 件，钦陵出土的似为公鸡，身上线条粗犷，昂脖张喙，如在打鸣报晓；顺陵出土的似为母鸡，表情柔和，如在窠巢孵蛋。陶蛙也有 2 件，身体颇为肥硕，蹲地作"咕咕"鸣叫之状。

陶狮有 3 件，它们双目圆睁、鬃毛披垂，前腿伸开、后腿弓起，作踞坐之状，神情威猛。狮子是古代墓葬中最常见的形象之一，远在东汉时期，就以石狮作为看守墓门

钦陵出土的陶马（侧面）

钦陵出土的陶狗（侧面）

顺陵出土的陶鸡（侧面）

钦陵出土的陶蛙（侧面）

之兽。南唐二陵中的陶狮，虽比看门的石狮"娇小"，但所起的作用却是一样的。

陶骆驼在南唐二陵出土最多，计有8件，其中5件保存完好。它们同样屈腿跪卧，2件有凸起的驼峰，另外3件则无驼峰，似乎以此区分成年骆驼和幼年骆驼。"八月龙沙雪花起，橐驼垂腰马没耳。"江南并不出产骆驼，但北宋和契丹两国皆有赠予，南唐宫廷对这种动物并不陌生。

自西汉张骞"凿通西域"始，耐饥寒、善负重的骆驼就渐为中原人士熟知。在都城长安（今陕西西安）的宫门外，有两匹铜骆驼，高3米。东汉明帝时，将它们搬到了

钦陵出土的陶骆驼

洛阳。西晋末年，索靖预知天下将有大乱，指着洛阳宫门外的铜骆驼，叹道："会见汝在荆棘中耳？"成语"铜驼荆棘"即由此得来，比喻国家遭逢变乱、繁华不再。

南北朝时期，骆驼形象就较多地出现在墓葬中，到了唐代，最为盛行。当时，上至朱紫高官，下至白衣士人，皆以骆驼俑陪葬为荣。在章怀太子墓的《狩猎出行图》中，就有两匹发足疾奔的骆驼。

最著名的是鲜于庭诲墓中的"唐三彩"载乐骆驼俑——骆驼昂首而立，上面驮着五个男儿，三名胡人、两名汉人，一人盘旋起舞，一人弹琵琶，一人吹筚篥，两人击鼓。

这件骆驼俑釉彩鲜明、雕饰逼真，生动再现了大唐帝国万邦来朝、驼马熙攘的盛世景象。

南唐二陵中的陶骆驼，虽然承袭了唐代遗风，但远不如"唐三彩"骆驼俑生动传神。

第二节　玉册之秘

20世纪80年代末，考古工作者在唐东都洛阳宫城遗址发现了10枚玉片。测量发现，每枚玉片长28.5厘米、宽度为2.7厘米至3.1厘米、厚度为1.2厘米至1.4厘米。

对其文字进行解读得知，是唐哀帝李柷的即位册文。

李柷是唐代最后一位皇帝，天祐元年（904）八月，其父昭宗李晔为朱温亲信蒋玄晖等人弑杀，李柷被扶作傀儡皇帝，于洛阳即位。天祐四年（907）三月，他禅位给朱温，唐王朝就此灭亡。次年，李柷遇害，年仅17岁。

有唐一代，帝王有即位、封禅、陪葬之册，皆以玉制成，"唯天子用玉册"。从哀帝李柷的即位玉册，以及"号墓为陵"的懿德太子之墓、"安史之乱"中僭位称帝的史思明之墓出土的玉哀册看，具备帝王身份者无不如此。

玉册上面刻写楷书或隶书，以金粉髹填。每片"长尺二寸，广寸二分，厚三分"，换算为公制单位，长度在28厘米左右、宽度在3厘米左右、厚度在1.3厘米左右。

在每枚玉片的侧面，上下各有一个小圆孔，以金丝或银丝编成细绳，将玉片串联起来，置放在册匣中，外面再

唐哀帝李柷即位玉册 （资料来源：中国社会科学院考古研究所洛阳唐城工作队《唐洛阳宫城出土哀帝玉册》）

套上石函，永久贮藏。

古代皇帝的陪葬之册中，既有哀册，也有谥册，两者的形状、材质相同。

其中，谥册是在"祖奠"前一日，在南郊请谥号时所读的册文；哀册则是在遣葬之日，于陵墓前所读的最后一篇祭文。

在《后汉书》中，记载了宣读哀册时的情景：

皇帝"梓宫"出发之日，白马素车，直抵山陵。朝廷官吏各按品级肃立，太史令站在灵车之南，大声宣读哀册。其内容无非是以新皇帝的口吻，称颂先帝的功德，以及对他的无尽哀思。读毕，哀册即随死者一同埋入陵墓。

公元前 621 年，秦穆公去世，奄息、仲行、针虎三兄弟为之殉葬。秦人写下《黄鸟》诗，"苍天啊，你为何灭杀我们的贤人者"，可以视作最早的哀辞。

到唐代时，哀册的内容格式已大体固定，它往往由序文和哀辞两部分组成，序文较短，包含时间纪年、下葬地点等内容；哀辞为四字或六字的韵文，每每以感叹词"呜呼哀哉"为结尾。

唐代以前，哀册大多用竹、木制成，难以久存。西晋时，有人在嵩山脚下捡到一片竹简，上面刻着两行蝌蚪文字，不知所云。只有博士束皙辨认出来："这不是汉明帝显节陵中的哀册吗？"

五代十国沿袭了唐代制度，南唐李昪、前蜀王建的哀册均以玉为材料。

参加过前蜀王建永陵考古的冯汉骥先生认为，南唐二陵中重要的发现，"除了陵墓的建筑、彩画、雕塑、陶瓷等能表现当时多数优秀艺术家的成功创作之外，其他则当推陵中出土的玉册。出土玉册虽残缺不全，但其所余留的部分，尚可由之考见陵中此类制度的大概，亦是值得珍视的"。

钦陵之"玉哀册"，完整和较为完整的有 23 片，上面以楷书刻写文字，书法峻厚圆浑，有六朝风格；由于年代久远，所填的金粉大多脱落。

20 世纪 50 年代初，当考古工作者第一次进入钦陵墓

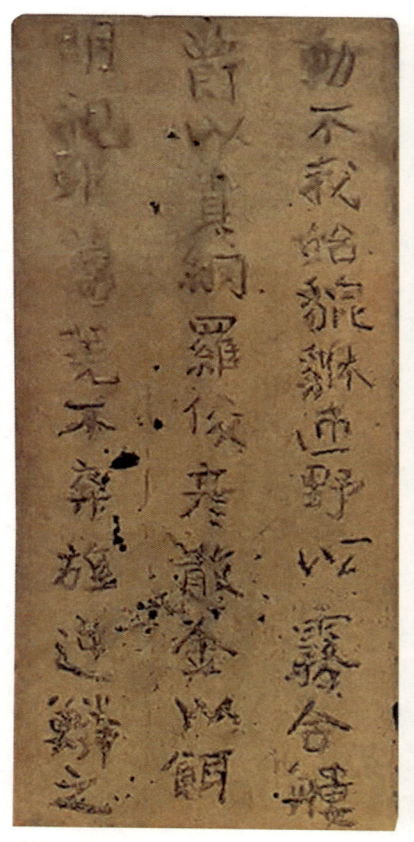

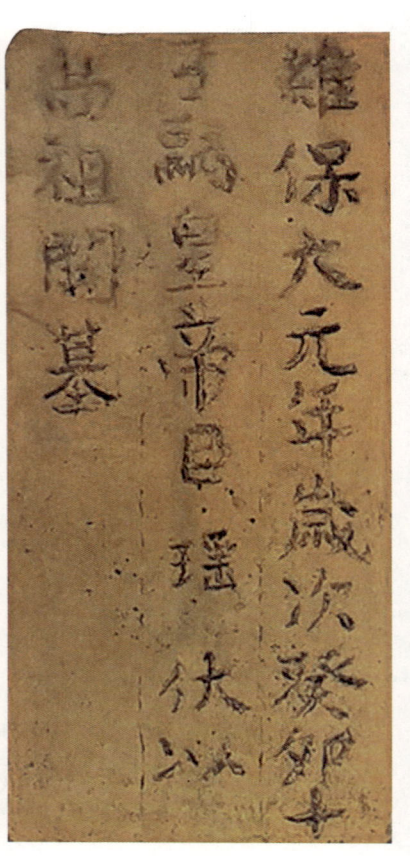

李昇玉哀册

室时，发现这些玉片已经四散零落，半掩在浮土中。好在大多数玉片的背面刻有号码数字，考古工作者得以按顺序将它们复原。曾昭燏在《南唐二陵发掘日记》中就写道："东侧室内出残玉哀册一块，一面刻字一行……反面刻'三十八'三字。"

根据出土"玉哀册"的编号、文字内容及钦陵中的石函数量，考古工作者判断，这23枚玉片分别贮于两件石函之内。

第一函是李昪的"哀册"，现存的只有17枚玉片。"原数应为42片，上下排各20片，刻着册文。"其内容残缺不全，通过至今可以辨认的文字，可以看出册文既颂扬了李昪的功德，也有谥号、庙号。

当时，考古工作者认为："从'上十四'以上是谥册文的格式，以下又有大段的哀辞，是哀册文的格式，我们认为它是将两种册文合而为一的，为省便起见，我们简称为哀册文。"

对于这种说法，后来也有学者提出不同观点，认为谥册的内容，在于记录已故帝王的庙号、谥号，它与褒颂、哀悼性质的哀册文并不相同。将两种册文"合而为一"，"在封建帝王所谓'大丧'的仪注中这样做是不可能的"。

皇后为帝王的正妻，死后亦有哀册、谥册。

据《南唐二陵发掘报告》，第二函是李昪之妻宋氏的"哀册"，现存的只有6枚玉片，"原数应为32片，上下排各15片,刻着册文""虽只存零篇断简,但从一些语句……可以看出为哀悼女性的文章……同李昪合葬的女性,除他的妻子宋氏外,更无他人"。

考古工作者当时也认为:"宋氏哀册文中似亦记其谥法,可能同李昪的册一样,将哀册文与谥册文合而为一。"同样的,对于这种说法也有异议,毕竟这并不符合唐代的墓葬制度。

唐代之前,一般只将哀册入陵陪葬,谥册并不入陵。自唐代始,哀册与谥册共同入陵成为制度。

目前可以得出这样的推论,在钦陵的所谓"玉哀册"中,其实包括李昪的哀册、谥册各一副,宋氏的哀册、谥册各一副,合贮在另一件石函之内。

由于贮存玉册的石函被盗墓贼摔裂,四副哀册、谥册混淆在一处,孰为哀册、孰为谥册,已难以区分。

石函之内,尚有册匣。五代后梁时期,静胜军节度使温韬曾经大肆盗掘唐代帝陵。他本人也进入过唐太宗的昭陵,"见宫室制度闳丽,不异人间,中为正寝,东西厢列石床,床上石函中为铁匣,悉藏前世图书,锺、王笔迹,纸墨如新"。

考古工作者在钦陵后室的棺床之旁,发现了漆皮、铁块等,可能就是册匣的残片。

在南唐二陵中的顺陵,考古发现的只是40枚石片,"全部是残缺的,其中有字的只有20片""每片所刻文字只有一行，刻得很浅，并且没有填金的痕迹"。

同样的，考古工作者当时认为，它们分别属于李璟及其皇后锺氏，"比起李昇陵的哀册来，在质料上和制作的精工上都要差得多，这反映着南唐当李璟和锺氏死时财力竭蹶的情况"。

从唐代墓葬制度及钦陵的情形推论，这"石哀册"中，也应包括李璟的哀册、谥册各一副；锺氏的哀册、谥册各一副，分别贮于两件石函之内。

按照唐制，谥宝与谥册同时并用。所谓"谥宝"，是将帝王的谥号刻于玺印上，陪葬于陵墓中。在前蜀王建的永陵，就出土了哀册、谥册，以及1枚兔头龙身钮玺印，它应该就是王建的谥宝。

玉册、谥宝是表明帝王身份之物，南唐二陵中并未发现谥宝，有一种推测是：它当年被盗墓贼窃走了。

另外一桩异事是：在陆游所著的《南唐书》中，李昇死后，"葬永陵"；其妻宋氏"保大三年十月卒，祔葬永陵"。马令所著《南唐书》亦称，李昇、宋氏死后，葬于永陵。而考古人员看到，玉册上明确刻写着："钦陵，礼也。"

李昇、宋氏合葬之陵，究竟叫什么名字？

曾昭燏先生考证认为，李昇之陵本来就叫"钦陵"，只不过它后来被人为改了名字。

公元958年淮南之役后，南唐向后周臣服。后周太祖郭威的亡父郭简，庙号"庆祖"，墓为"钦陵"。为了回避后周的名讳，李昪之陵自然也不能再称为"钦陵"。南唐官方文书中，此后所有提及钦陵的，就一概改为"永陵"。

然而，文书可以用墨笔涂改，埋在地下的玉册却无法重新掘出加以改动。

千年之后，当它重见天日时，这才让人们知道，李昪之陵的真正名字是"钦陵"。

第三节　青白之瓷

执壶以酌，相与笑语；酒阑舞罢，杯盘杂陈。

在《韩熙载夜宴图》中，出现了酒壶、高脚碗、浅口盘等器物，釉色在青白之间。从瓷器的品相来看，正是南唐时期流行于上层社会的青白瓷。

钦陵出土的平底釉陶碗

南唐二陵所出土的器物中，包括陶器、瓷器、玉器、铜器及铁器等。其中，瓷器数量虽少，却有着特别的文化况味。

一、瓷器

目前发现的南唐二陵瓷器，以釉色、材料区分，主要有白色细瓷、青白细瓷，及青灰釉或黄绿釉粗瓷等。

白瓷是唐代至五代十国时期的时兴器物。南唐二陵出土白瓷较多，已经发现的大小白瓷片共有200多片，复原成功7件比较完整的器物，如卷唇白瓷碗（盏）、瓣口白瓷碗（盏）、撇沿碗等。

至于青白瓷，钦陵出土的是1件长颈喇叭口器物残片，估计为当时流行的长颈大腹执壶，如同《韩熙载夜宴图》中那把酒壶的形状；顺陵出土的是2件瓷碗，1件为瓣口，另1件为敞口，略微向外折撇。

南唐二陵的白瓷与青白瓷，"胎质相当的薄而细致坚硬，釉色匀净明澈，够得上真正瓷器的条件"。

在唐代，瓷器有"南青北白"之说。

"南青"是指越州（今浙江绍兴）窑之青瓷，"北白"是指邢州（今河北邢台）窑之白瓷。越瓷似翠山碧玉，邢瓷如明月白雪，一南一北，平分秋色。

邢窑白瓷盛行于北方。唐代宫廷所用者大多刻有"盈"字款，"盈"是皇宫内库"大盈库"的简称，除了宫中自用，还用于赏赐外臣。大诗人白居易就获赐过"盈"字款白瓷，写下了"白瓷瓯甚洁，红炉炭方炽"的诗句。

晚唐五代，中原战乱纷起。北方所产白瓷流入南方地区的数量大大减少。物以稀为贵，从寻阳长公主墓中出土的4件白瓷器，其中1件加了银扣，足见对其的珍爱。

在这种情况下，一方面，南方地区开始自己建窑，试着烧制白瓷，即所谓的"白瓷南传"；另一方面，地处吴越国境内，号称"千峰翠色"的越窑青瓷乘势而上，攘夺南方的瓷器市场，造成了"青胜于白"的局面。

在南唐二陵中，就有着双鹦鹉纹越窑青瓷碗的身影。

这一时期，又有奇峰飞来，技艺高超的南唐工匠们烧制出了一种新瓷——"青白瓷"。

据说，青白瓷是匠人在烧制白瓷时，于不经意间得到的。结果，南唐宫廷内外"无不以青白为贵"。最后，青白瓷竟然取代了白瓷的地位，为时人竞尚。

同样的故事，也发生过一次。

某年秋夕，南唐宫人忘记将染织晾晒的丝帛收回室内。中夜露浓，濡染丝帛，其色泽更加鲜翠。后主李煜见而爱之，为这种丝帛取名"天水碧"。

南唐青白瓷的主产地在今天的安徽繁昌。考古发现，繁昌柯家冲与骆冲两处窑场，应是中国最早的青白瓷窑场。繁昌窑所出瓷器，白中微泛青色，素雅恬静、光洁圆润，种类主要有叠唇碗（盏）、花口尖唇碗、花口圈足盘等，造型与唐代极为相似。

南方墓葬窑址出土的五代白瓷器　（资料来源：汪发志《由叠唇碗的发展轨迹试析青白瓷的起源与传播问题》）

　　繁昌当时为宣州（今安徽宣城）所辖，距离南唐都城金陵甚近。"宣州官窑"所产的青白瓷，应是进贡宫廷之物。

　　这些色泽青白的瓷器，一改"唐三彩"之斑斓绚丽，宛若秋水寒玉、清光照人，令后人发出五代十国瓷器"竞尚新奇，亦一异也"的惊叹！

　　可惜，它们在今天多成绝响，仅于《韩宅夜宴图》中、南唐二陵之内，惊鸿一瞥，引人浮想联翩。

　　南唐二陵内还有一种粗瓷，釉色主要为黄绿色和青灰色，胎质粗厚。一种是深浅不一的黄绿粗瓷碗、罐，釉色不甚均匀；还有一种是粉底瓷碗，上面仅有一层白色粉状釉。这些看来都是青瓷中的劣质产品。

　　二、陶器

　　南唐二陵所出的陶器分为两种，一种是厚胎无釉陶器，另一种是厚胎黑釉陶器。黑釉中带有紫色，考古人员认为似是宋代"天目窑"的先声。

　　以用途区分，它们包括尊式陶罐、四耳陶罐、带嘴陶罐，有的罐耳上刻着"大吉利"三字；陶碗多为圈足平底，

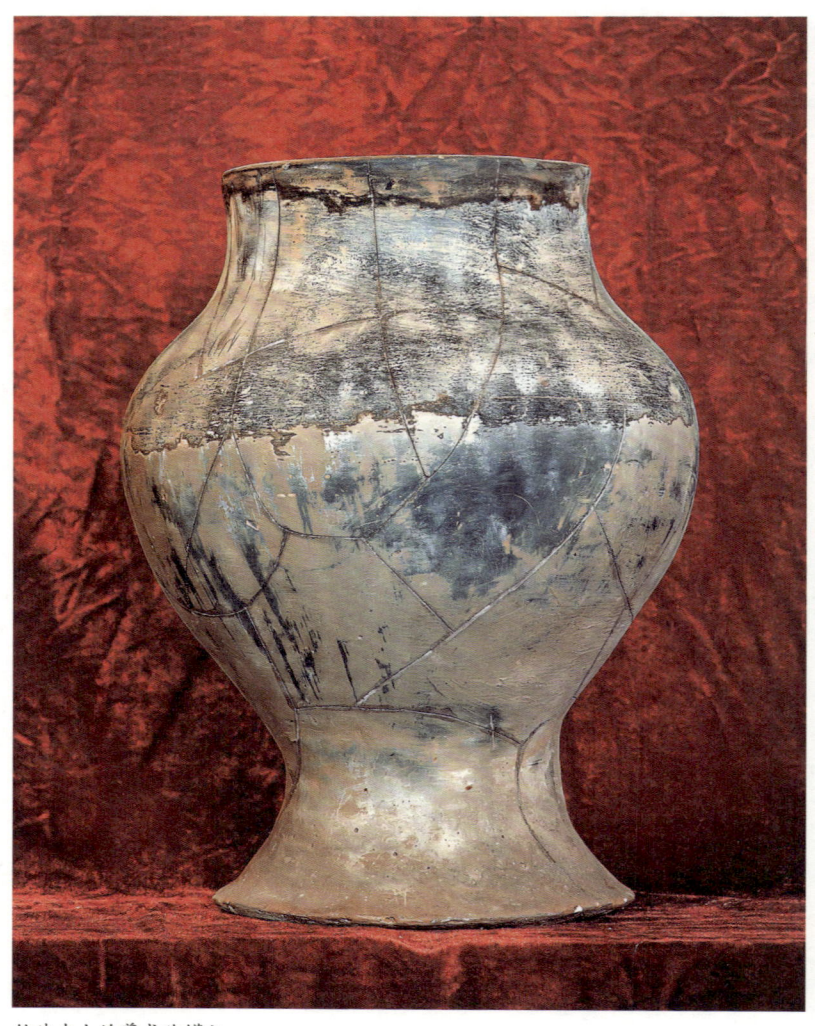

钦陵出土的尊式陶罐之一

专为覆在墓顶而烧制。考古发现的陶碗碎片有数千块之多。

陶器最晚在新石器时期已经开始出现。古人抟土成器、烈火焙烤，做成各式器皿，用于盛储、炊煮和饮食。

自原始社会起，陶器就成为陪葬品，供死者在地下饮食起居之用。在晚唐至五代的墓葬中也常有陶器出土，如碗、罐、壶、瓶、盏、盘、杯等。甚至有来自中东的波斯釉陶罐，足可印证当时海外贸易之盛景。

至于"天目窑"，其窑址群位于今天的杭州市临安区，在葱茏苍翠的西天目山下。天目窑的烧造始于北宋，主要烧制青瓷、黑瓷，似与南唐二陵出土陶器关系不大。

三、其他器物

南唐二陵出土的其他器物，有铜器、铁器、玉器等。"二陵出土的玉、骨、铜、铁等器数量很少，而且大部分是残破的。"

它们或为修建陵墓时所用材料，或是墓中陪葬品的装饰配件。饾饤杂砌，不一而足。

在铜器中，有铜钥匙1件，在钦陵前室墓门附近出土。钥匙为青铜质地，一端为圆环状，一端作"工"字形。从出土地点来看，应为开启墓门所用。

残缺的铜镜1件。它出土时，已断为3块，原貌难以复见。

铜钉帽12件。其中7件在钦陵前室出土，直径为3.5厘米，有的钉帽上尚可看出鎏金痕迹，原先应是安装在墓门上的。另外 5 件尺寸较大，直径为 6.6 厘米，在钦陵后室石门前的过道内发现，大小恰与石门上的钉孔吻合。石门上的钉孔共有 66 个，如今只发现 5 件大铜钉帽，其他的均已不见踪影。

鎏金铜饰件 2 件，在钦陵前室出土。其中 1 件为"π"形；另 1 件为长方形，上有两个小孔。"这两件可能都是器物上的附件。"

铜钱 1 枚，在顺陵的墓门外出土，依稀可见"开元通宝"字样。"开元通宝"于唐武德四年（621）开始铸造，讫于唐代之终，流通使用了 300 多年。南唐后主李煜时，采纳韩熙载的建议，铸造铁钱以济国用，形制一如"开元通宝"。然而，铁钱发行过滥，引起通货膨胀，"物价益贵至数倍，（韩）熙载颇亦自悔"。

这枚孤零零的"开元通宝"，是造墓匠人所遗留？还是盗墓贼慌慌张张而失落的？已经难以考证。

南唐二陵出土的铁器，主要为大小铁钉 217 枚，以及 22 块铁片。考古工作者揣测，铁钉是当年安装藻井时所用的；铁片可能是某件铁质容器的残存。

玉、骨器类，包括钦陵出土的 1 块玉饰片，残缺不全，外缘呈波纹形，两面刻有"羽人"纹饰；顺陵也有 1 块玉饰片，外缘呈波纹形，表面平整，没有纹饰。另外，还有骨珠 4 颗，在顺陵出土。这些玉、骨器，"大概都是墓主人的饰物"。

前蜀王建的永陵也曾遭到盗掘，但仍有少量珍贵器物保存下来：1条玉大带，7方雕刻龙纹的玉銙；银壶、银钵、银猪、银搔手各1件，小银盒2件，等等，均刻工精细。"这些应该都是盗墓者从棺椁中取出后又遗落的。"

与之相比，南唐二陵中的金银珠宝被盗墓贼裹卷而去。"在李昪陵后室6间侧室中，东面中间和靠北两侧室破坏得特别厉害，不仅砖台被毁了，中间侧室的地面也被掘了，大概这几间侧室原来都是放金银珠宝一类的东西的。"

第五章　崇陵露真容

20世纪50年代初，在曾昭燏的主持下，对南唐二陵进行了首次考古发掘。

竣事之后，田野考古工作团撰写了《南唐二陵发掘报告》，介绍了南唐二陵的发现和发掘经过、建筑构造及出土文物情况，在当时引发热烈反响。

由于历史的原因，首次考古发掘聚焦于南唐二陵的地下玄宫部分，对陵园布局及其他相关墓葬等未能事尽其功，揭橥南唐二陵的全貌。

光阴荏苒，弹指而过。

2010年9月，恰逢南唐二陵考古发掘60周年。为纪念曾昭燏等考古界前辈的筚路蓝缕之功，经蒋赞初、潘谷西、梁白泉等学者倡议，江苏省及南京市举办了南唐二陵考古发掘60周年系列纪念活动。

其中一项重要内容，就是对南唐二陵再次进行考古调查、勘探和试掘。

第一节　再探二陵

2010年夏秋之交，"火炉"南京暑热余威犹在。

在祖堂山下的南唐陵园内，来自南京市博物馆与南唐二陵文物保护管理所的考古工作者，开始了全面的考古勘探与试掘。

这次，考古工作者对陵园内外进行了"精细扫描"和"局部解剖"，勘探面积约5万平方米，试掘探沟29条，试掘面积641平方米，发现了陵垣、陵门、夯土建筑台基、道路、窑址等遗址。尤其引人注目的是：在陵园西北发现了一座新的墓葬。

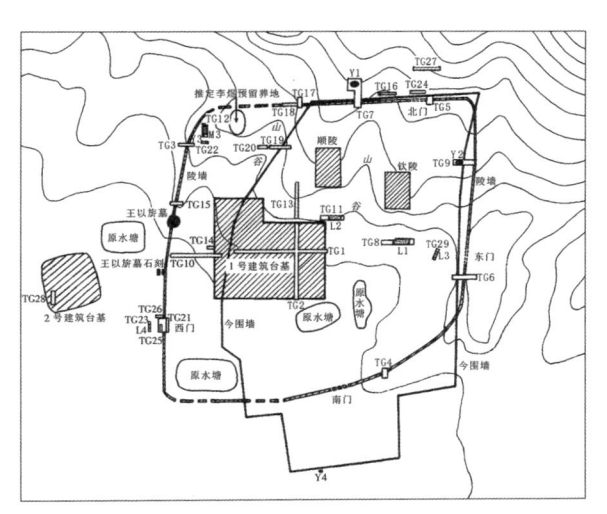

陵园遗址位置示意图　（资料来源：南京师范大学文物与博物馆学系、南京市文物局、南唐二陵文物管理所《南京祖堂山南唐陵园考古勘探与试掘简报》）

"再探"南唐二陵的工作，历时3个多月，于2011年1月结束。

　　勘探表明，南唐二陵曾经被一道垣墙所包围，大致呈方形，与古代的城池仿佛。整个陵垣的周长约为895米，四面辟有门洞，以供车马通行。

　　东、西、南三面陵垣，主要是利用微微隆起的自然土埂，在上面堆筑墙体；东、西两面及南面东侧的陵垣，至今可以看出土埂的形貌。唯有北面的陵垣，大部分位于山坡之上，在钦、顺二陵之间以及顺陵西边的山谷中，没有找到陵垣遗迹，估计已为山间的溪流冲毁。

　　四座陵门的位置并不居中。其中，东、西两门位于陵垣中部偏南，南、北两门却位于陵垣中部偏东。

　　从西门的试掘情况看，中部为东西向的门道，宽约3米，以碎石块和黄褐色土铺筑。门道的南面，有一条砖砌的排水沟。门道的北面，有两座礩磋。"礩磋"就是鼓状的石柱础，用以承托梁柱。据此分析，这里有过木构建筑，而整座陵门凸出在西垣之外，状若古代城墙的"马面"。

　　考古工作者在勘探中，还发现了两处夯筑台基。

　　"1号台基"在顺陵的西南方，东西长约90米，南北宽约70米，高约1米。在这里，考古工作者发现了大量的灰陶板瓦、筒瓦、莲花纹瓦当、滴水、鸱吻、兽面脊瓦、石柱础等，以及青褐釉、白釉的瓷器残片。另外，还有东西向、南北向的砖墙，地面铺砖等。据调查，20世纪70、80年代，当地村民曾在台基上挖取过青砖，用于建造自家房屋。

从试掘结果看，1号台基规模大、等级高，台基边缘有包砖墙。台基上分布着多组砖构建筑，当年可能是举行朝拜、祭奠之礼的献殿。可以想象出玉楼鸳瓦、连绵重叠的景象。

台基的北面和东面曾经围有"人工堆成的土埂"，在首次考古发掘时，怀疑为"茔域的周界"。结合此次试掘的情况，其应是献殿建筑区的围墙。

"2号台基"在陵垣西门遗址附近，亦为一座方形高台，东西长约60米，南北宽约50米，高约2米。

试掘发现，在台基的表土层下，有1.8米厚的夯土，可归为上、下两层。上层出土了明代青花瓷残片及兽面纹瓦当，推测与附近的王以旂墓有关；下层出土了南唐青褐

献殿遗址出土的部分文物

釉、白釉瓷器残片，可能是南唐的下宫遗址。

这两处夯筑台基的发现，在考古学上印证了南唐二陵与唐代帝陵制度的渊源关系。

通过试掘，考古工作者还发现了4条陵园道路的遗迹。这4条道路以砖石铺成，平整而宽阔；道路两旁，用青砖砌成排水沟，沟中清水潺潺。

遥想当年，南唐的皇子皇孙在谒陵之时，就沿着这条陵园大道鱼贯前行，衣冠楚楚，环佩叮当。

另外，目前探知，在陵园内外有4处窑址。其中，"一号窑"位于顺陵东北、陵垣北墙外的山坡上，由窑床、火门、工作面三部分组成。在附近的山谷中，堆积着厚厚一层废砖瓦及红烧土。由此看来，这处窑场规模颇大。

南唐二陵当年在建造的过程中，需要用到大量砖瓦，将窑场设在附近，正是为了及时满足供应之需。

第二节　第三座墓

在目前的陵园之外，顺陵西北约100米处，有一个地势较高的缓坡，仿佛祖堂山南麓伸出的一片"舌头"。

考古工作者对这里进行了仔细勘探，果然有"意外之喜"——缓坡之上，是一座规模较大的砖石结构墓葬。

一、编号"M3"

此前，钦陵编号为"M1"、顺陵编号为"M2"，新发现的第三座墓就编号为"M3"。

整座墓葬为竖穴土坑砖石结构，自上而下为封土、墓坑、防盗石板及墓室。考古工作者发现了3处盗坑。根据盗掘的情形判断，盗墓贼先后打了2处盗坑，最后在第三处盗坑得手，自甬道顶部进入了墓室。

封土为圆丘形，若馒头形状，现在的高度约1米多。

墓坑为竖穴式土坑，深约5米，中部两侧外凸，站在上面俯瞰，仿佛一个"中"字。距坑口0.2米处有两排铁钉，笔直地打入墓壁填土中。

考古工作者推测，这些铁钉可能与镇墓习俗有关。

再往下，距坑口1.5米处，有一层防盗石板。这些石板共有17块，由南向北排成6行，前面5行，每行又分为东、中、西3列，石板上面依次刻着"东一"至"东五"、"中一"至"中五"、"西一"至"西五"的编号。最北面的一行，只有左、右2块石板，一块上面刻着"西"字，另一块被盗墓贼敲碎了，原先应该是刻有一个"东"字的。

石板的下面，就是这座墓葬的"核心部位"——墓室。墓室为砖砌，与墓坑一样呈"中"字形，总长6.84米，宽5.51米，由甬道、主室、耳室等组成。

甬道为长方形券顶，由于盗墓贼是自此进入墓室的，券顶已被破坏。

主室亦为长方形，上面是叠涩状穹庐墓顶。墓砖系青灰色长砖，部分墓砖上面刻有铭文，数量最多的是刻着"官""北官务记"字样的墓砖。

考古学者王志高、夏仁琴、许志强合写的《南京祖堂山南唐3号墓考古发掘的主要收获及认识》一文认为:"'北官务'虽尚未见于同时期文献,但完全相同的铭文砖早年见于南京城中张府园以西一线工地,2010年又见于张府园以东建邺路与中山南路交口西南侧的南唐宫城遗址,可证是南唐遗物。而'北官务'据以推测是负责为包括宫城、陵墓在内的南唐官府建筑工程制造砖瓦的专门机构。"

考古发现,这座古墓的墓壁、墓顶有烟熏痕迹,部分砖缝间的黄泥浆已烧结为红色硬土,说明当年有过焚烧之事。

在主室的中部有2间耳室,相向而列。主室及耳室内还有12个壁龛,里面空荡荡的,什么也没有。

墓室地面用石板铺成,有3排条石拼接的石棺座,在中排两块石棺座之间,錾刻着一个长方形的"金井"。石棺座上,棺椁荡然无存,仅留下了2枚铁棺钉。墓主的遗骸也不翼而飞。

在墓室的角落里,考古工作者发现了一样神秘之物,隐隐透露出与墓主身份相关的讯息。

它究竟是一样什么东西,下面再作交代。

二、墓中遗物

墓中的劫后遗存,仅仅是40多件银器、玉器、铁器和陶瓷器等。

银器有7件,包括银簪、银钥匙、银钱、银搭扣等。

银簪 1 件，通常为女性的饰物。

银钥匙 2 件，其一端为圆环状，柄部扁长，与钦陵中发现的铜钥匙极为相似。

银钱 1 枚，同样有"开元通宝"字样。一般来说，银钱用于赏赐、赏玩，不在市面上流通。这枚银钱制作精良、品相上佳，或许是墓主生前喜爱之物，带在身边，以遣漫漫寂寞。

此外，还有银搭扣 1 件、银泡钉 1 件，以及不明器物 1 件。这件银质的不明器物，似乎是因为焚烧而变形，难辨原貌。

玉器有 13 件，均为片状饰件，以灰白色为主，两面或一面浅刻花草纹。在岁月侵蚀之下，花草纹也已模糊了。

陶瓷器有 8 件。

其中 1 件是陶鸱吻。鸱吻是古代宫殿屋脊上的装饰物，相传为龙之子。这件鸱吻已经残缺，尚能看出兽头的部分形状，浓眉、圆眼、咧嘴、鼻孔露须。

另外 7 件是瓷碗残片，釉色为青黄釉或酱褐釉，无论釉色还是造型，都与南唐二陵中的瓷碗如出一辙。

铁器有 11 件。

其中，"U"形铁器 1 件，用途不明。铁钉 10 枚，8 枚出自墓坑的填土，2 枚是在砖室内发现的。

此外，还有 2 盒铭石。

较小的 1 盒铭石发现于甬道前壁下，盖石为覆斗形，底石为方形；较大1盒铭石发现于甬道顶上3号盗坑中，形制比较特殊。因为风化腐蚀所致，2盒铭石上面文字全无。

在这座墓中，考古工作者发现了一小截人骨，长度为5.5厘米。显然，它曾经是墓主身体的一部分。

中国社科院考古研究所科技考古中心出具的鉴定报告称："残存的这段股骨细弱光滑，股骨嵴发育弱，这两点倾向于女性特征。从股骨残段的粗壮程度上看，近似一个12岁至15岁的年轻个体。若在这个年龄段，有是男孩的可能性，不过也不能完全排除可能是一个成年的瘦弱女性。"

这座墓葬所透露出的蛛丝马迹，都指向了一个人——南唐后主李煜的妻子、昭惠国后周氏，亦即历史上所称的"大周后"。

第三节 国后周氏

《南京祖堂山南唐3号墓考古发掘的主要收获及认识》一文，通过对墓葬的规模、形制、出土遗物特点，以及墓葬在陵园内的位置、遗骸鉴定结果等的分析，判断墓葬时代应为南唐，墓主极有可能是大周后，陵号"懿陵"。

文章列举了五点理由，兹引述如下：

"首先从墓葬规模上看，M3砖室全长6.84米，加上两侧耳室总宽5.51米，表面上看起来似乎不大，但相对于南京地区同时代的一般南唐墓葬却等级甚高……其规模在南京地区南唐墓葬中仅次于南唐二陵和尧化二号路南唐墓。此外，根据文献记载，南唐昭惠国后周氏临终前曾'自为书请薄葬'。且当其时，李煜已被迫去帝号，自称国主，在昭惠国后周氏葬制上有所减损也未可知。所以，如果李煜遵行昭惠国后周氏遗愿，所营建懿陵规模比钦陵、顺陵小，也实是情理中事。

"其次，昭惠国后周氏葬地所在具体位置，史籍虽未明载，然马令《南唐书》卷六云：'明年（乾德三年，965年）正月壬午，迁灵柩于园寝……陵曰懿陵，谥昭惠。'这个'园寝'当即祖堂山南麓李煜父祖陵墓所在的南唐陵区。新发现的M3地处考古确认的祖堂山南唐陵园西墙内约8米，且与钦陵、顺陵在同一条轴线上，位于顺陵西北的下方，符合该陵园内诸陵由东南至西北时代愈晚的排葬秩序。

"其三，从M3墓室中发现的石棺座看，墓内仅葬一人。因早年遭严重盗掘，此墓所出遗物虽然不多，但劫后存余玉饰件明显属女性发饰……这与周氏的国（皇）后身份完全相符。耐人寻味的还有，史载昭惠国后周氏曾'创为高髻纤裳及首翘鬓朵之妆，人皆效之'。文中'首翘鬓朵之妆'语意，过去很让人费解。如果本文所推定M3墓主身份不误，则墓葬出土玉饰件或许就属于周氏所创'首翘鬓朵之妆'……

"其四，陆游《南唐书·后主昭惠国后周氏传》载：

昭惠国后周氏葬后，李煜哀而自撰长篇诔辞，并刻之于石，与其所爱金屑檀槽琵琶同葬。祖堂山 M3 出土两盒铭石，其中甬道顶部盗坑中发现的铭石体量尤大，且其形制与以往所见墓志等石刻不同，有可能正是刻有李煜挽词的石诔。而砖室甬道内出土的铭石形制类同当时一般墓志，推测可能是周氏的石哀册……

"最为关键的证据是 M3 墓室内发现的墓主的一小段左侧股骨，经中国社科院考古研究所人骨鉴定专家张君研究员鉴定，其有'可能是一个成年的瘦弱女性'。这与大周后体弱多病、卒年 29 岁的文献记载完全吻合。"

南唐后主李煜先后娶大臣周宗的两个女儿为妻。

唐代画家周昉《簪花仕女图》

周宗是广陵人，年轻时投入李昪帐下，自小吏做起，一路平步青云，南唐时官至侍中、司徒、东都留守。李昪每每宴请众臣，"待（周）宗尤亲厚"。中主李璟也以礼相待，曾经亲手为他折叠幞头脚。

姊妹两人中，姊姊小名"娥皇"，妹妹史失其名，为与姊姊区别，习惯称为"小周后"。

"金雀钗，红粉面，花里暂时相见。知我意，感君怜，此情须问天。"这首《更漏子》相传为李煜所作，描摹出一位女子细腻婉转的情愫，也可看作娥皇的内心写真。

出身官宦之家的娥皇，自幼通晓诗词歌赋、琴棋书画，尤其擅弹琵琶。李璟闻之赞叹，亲赐"烧槽琵琶"一把。

南唐保大十二年（954），18岁的李煜迎娶比自己大1岁的娥皇。

李煜即位为君，册封娥皇为后。

当时，南唐已经臣服于后周和北宋，皇帝自称"国主"，皇后也只能称作"国后"了。

婚后10年间，李煜与大周后你侬我侬、形影不离。即便是家国多故、江山飘摇，也没有影响到这位才子皇帝风流蕴藉的私人生活。有词为证："绣床斜凭娇无那，烂嚼红茸，笑向檀郎唾。"

脂粉虽多，李煜却独宠娥皇一人，引以为知音。娥皇善歌舞、通音律，她觅得《霓裳羽衣曲》的残谱，细细琢磨、缀续一新，以琵琶奏之。于是，世人重又听到了天宝遗音。

只可惜，温柔乡中岁月短。29岁时，娥皇身染重病，久卧病榻。李煜亲侍汤药，"药非亲尝不进，衣不解带者累夕"。

但时日既长，一颗系之念之的心也就慢慢松懈了。

娥皇之妹"警敏有才思，神采端静"，在入宫探望姊姊时，却与李煜暗生情愫，难免私下悄悄幽会。

一天，娥皇病中醒来，掀开帷帘，见小妹立在床边，惊问："妹在此耶？"

小妹略微尴尬："已来数日。"

娥皇心知有异，顿生闷气，返身向内而睡，不再发一语。

北宋乾德二年（964）十一月，李煜与娥皇所生的第二个儿子仲宣夭折。她听闻噩耗，哀伤过甚，自知命不久长，遂沐浴更衣，叫人取来烧槽琵琶和约臂玉环，放在身旁，与丈夫道别，"卒于瑶光殿西室"。

次年正月，娥皇下葬懿陵。她所心爱的烧槽琵琶，也与之一同入土。

未几，李煜以中宫空虚，立娥皇小妹为后，"被宠过于昭惠"。

两人经常欢饮达旦、如仙似幻，"梦里不知身是客，一晌贪欢"，而国事更不可问。

南唐国亡之后，小周后跟随李煜北上开封。据传，宋太宗见她貌美，常召入宫中，"每一入辄数日"，回家后每每啼哭不止。李煜只能"宛转避之"。

李煜中毒死后，小周后悲哀过度，不久亦撒手西归。

第四节　陵园布局

今天，我们来到祖堂山时，可以看到钦、顺二陵及M3墓（懿陵）次第排开、规矩井然，与周围的地貌融为一体。

考古工作者发现，南唐陵园有一道大致呈方形的垣墙，周长约为895米。在这道垣墙之内，钦陵、顺陵及懿陵基本处在一条自东南偏向西北的轴线上，分别位处一座隆起

南唐二陵俯瞰

的岗阜。

三座岗阜中，钦陵所在者最高，顺陵次之，懿陵又次之，可以看出它们的等级高下。

"我们还注意到，在 M3 东侧近 30 米、顺陵西北约 70 米还有一个自然大土墩。此土墩东西长约 50 米、南北宽约 40 米、高出周围地面约 4.5 米，其地势比 M3 高敞，

南唐二陵所在的高山全景（X1. 李昪陵；X2. 李璟陵）

且与钦陵、顺陵基本在同一轴线上，与顺陵隔一条山谷相望，其前方正对陵寝建筑。勘探显示，此土墩表土下即为生土层及山体基岩，是该陵园范围内唯一一处未曾利用的形势之地，我们怀疑这里有可能就是李煜为自己预留的与两位皇后合葬的陵地。"

显然，这一陵园布局是刻意为之。

据《十国春秋》记载，中主李璟即位之初，有个名叫邹廷翊的术士，"相皇陵于牛头山"。此"牛头山"就是牛首山。邹廷翊所勘看的皇陵之址，应该就是祖堂山。它与牛首山如连似断，重岩叠嶂，宛如芙蓉；嘉木亭亭，犹似羽盖。

南唐的墓葬制度与唐代相若，虽然文献资料付诸阙如，但考证得知，也应当有陵园、陵垣、献殿、下宫、神道等建筑设施。

南唐陵园建成后，中主李璟、后主李煜常来焚香祭扫。佛教在南唐颇为兴盛。

烈祖李昪幼时，做过小沙弥。后来，他在金陵宫城建成后，又命僧人做无遮大会。某年，溧水大兴寺的桑树"生"出1枚木人，形象酷肖僧人。李昪将它迎置宫中，奉事甚谨。有识者认为，这是不祥之兆。果然，不到3个月，"烈祖殂"。

中主李璟及后主李煜在位时，更加礼崇佛教。李煜尤甚，取法号"莲峰居士"，退朝后，常戴僧帽、穿袈裟、诵佛经，行礼如仪，以至于额头、手上都磨出了老茧。他还在牛首山大建寺院，有僧房千余间，聚集僧众上千名。

以李煜礼佛的举动来看，在祖父、父亲入葬后，必然会请和尚来做法事。对于自己的身后事，他也会谋划布局。"种种线索表明，祖堂山南唐陵园的规划曾经有过调整，顺陵西侧山谷以西的陵园西部乃晚期扩建形成。"

考古工作者认为，对陵园西部的规划应当在大周后病故之后。

按照钦、顺二陵皆为帝后合葬之例，在顺陵西北尚有一座高敞岗阜，以及大周后的懿陵"规模偏小、墓壁光素"，有着临时性瘗葬的特征，推断后主李煜的设想是：在祖堂山下，祖父、父亲的陵墓之西，另起高大陵墓，待自己死后，与大、小周后这对姊妹花合葬一处。

事不如意十八九。北宋太平兴国三年（978），身为"囚徒"的李煜猝死他乡，入葬邙山。小周后死后，亦祔葬于此。邙山脚下，正是名城洛阳。"城中日夕歌钟起，山上惟闻松柏声。"

在千里之外，大周后的芳魂一缕，只能与祖堂山的呜咽松涛为伴。

琵琶弦断久，霓裳曲声杳。

第六章　瑰宝永生辉

今天，自南京市江宁区谷里街道往西，在南唐二陵公交车站下车，沿着幽静的山中道路，向北走不多远，往左首一拐，再前行数十米，迎面是一座坐北朝南的仿唐式门

陵园全景

南唐二陵陵园大门——仿唐式楼阙，肃穆典雅

阙，风格古典庄重、简朴大方。

向远处眺望，祖堂山仿佛一位慈母，伸出温暖的双臂，环抱着这一方净土；近处，松柏青翠、鸟语花香，数亩河塘、荷叶亭亭。

南唐二陵是中华人民共和国考古工作者首次发掘的古代帝王陵墓，在我国考古史上具有里程碑式意义。

对于重见天日的南唐二陵，文物保护工作数十年来从未间断过。

1956年，南唐二陵成为江苏省文物保护单位；1981年，辟地修建陵园，园内栽种了数千棵树苗，有松柏、蜀桧、

祖堂山下的南唐陵园

黄杨、柳树等，如今皆已翁翁郁郁；陆续建成了围墙、双阙、华表、碑亭、陈列室、书法碑廊等。

1984年，南唐二陵文物保护管理所成立。1988年，南唐二陵被国务院公布为第三批全国重点文物保护单位。

步入双阙式陵园大门，向北约50米，左首是一方池沼，北面是仿唐式建筑风格的陈列室，里面陈列着南唐二陵的部分出土文物或其复制品。其旁溪水环绕，上架青石飞桥。

大门的右首为"南唐二主词碑廊"，曲折宛转，碑石上刻着由名家书写的中主李璟、后主李煜词作。

陵园内石径及导游牌

南唐二陵博物馆外景

南唐二主词碑廊　流水落花春去也，天上人间

再往前，是一对华表，顶端各蹲坐一只石犼。

过石桥后，便能看见岗阜隆起。

岗阜下，甬道宽阔整洁，尽头为重修的钦陵门阙，飞檐舒展，仿佛鸟之双翼；门阙两旁是弧形的石墙，墙上绿萝婆娑、青苔斑斑。

顺陵在西边不远处，门阙风格一如钦陵，门前散落着数十块巨大的封门石，似在述说着无尽往事。

石桥附近有一座四方亭，亭内立石碑一块，上面刻着重修南唐二陵的经过，名曰《重修南唐二陵碑记》："南唐二陵的发现，对于研究唐宋之际的建筑、绘画、雕刻、陶瓷、服饰以及帝王的陵墓制度等方面，都提供了极好的实物资料。"

南唐二陵

陵园内的神道和华表

华表近景

东方文化符号

重修的钦陵陵门

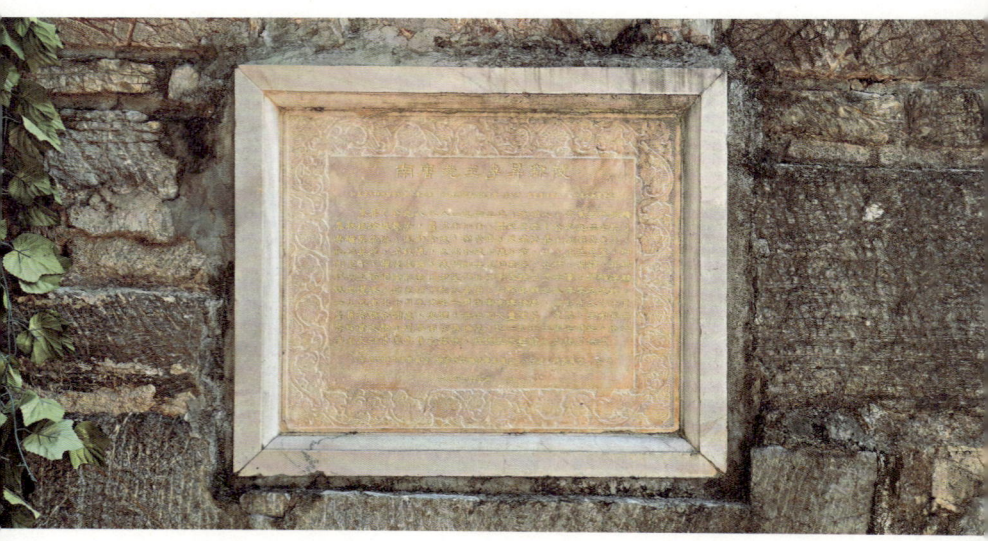

石墙，藤蔓，文保碑石

陵园中散落的封门石　封门石，古代防盗墓用以堵塞墓门的矩形巨石

仿唐式建筑四方碑亭

如其所言，南唐二陵厚重质朴的建筑设计、鲜艳美丽的彩绘壁画、圆润大气的石刻、栩栩如生的陶俑，无不折射出当时的文化艺术风貌，让人们对这个不到40年历史的国家有了直观生动的认识。

第一节　建筑艺术

南唐二陵与祖堂山麓浑然相融，玲珑精巧似江南美人。

《南唐二陵发掘报告》称："从它们可以看出唐宋间帝王陵墓制度的大概，也可以看出当时建筑艺术的风格。"尤其是钦陵，极尽绘饰之能事。推开那两扇厚重的石门，满目琳琅、五彩斑斓，如入琼阁阆苑，宫廷生活的奢华气息扑面而来。

与晚唐、五代的其他王公贵族墓葬相同，南唐二陵的玄宫设计，遵循了"事死如事生"的思想。它们有着前、中、后三室，以及左右对称分布的耳室，这在唐代"似乎成为帝王陵墓的规定格式"。

其中，顺陵用料较为简单，几乎全部以青砖砌成；钦陵则用了大量的石料，构造宏丽，也必然耗费了许多人力物力。比如钦陵后室的室顶用石条叠涩而成，"是从东西两壁上起叠涩，南北两壁上作山墙，其上骈列巨大石条"。

推测这样做的目的，是在穹隆状的室顶绘制大幅的天象图。

钦陵的石墓门、石棺床和石刻,也予人以深刻印象。

其后室有两扇厚重的石门,门上硕大的铜钉虽已剥落,但当初无疑是金光灿灿、无比耀眼的。

在中室的北壁上,雕刻着两尊金甲武士。他们威风凛凛地把守着门户,似乎在说,身后就是"内宅",擅自闯入者格杀勿论。

在汉代墓葬的画像石上,常能看到"启门图"——门扉半掩,一名侍女或童子探出身子,向外张望,寓意门后为私人空间,甚至是墓主"在生前梦寐以求的来世仙居或'仙寝'"。

顺陵的内部装饰甚为简陋　东汉王晖墓石棺"半启门"图　(资料来源:雅安市文物管理所、四川省文物考古研究院《雅安汉代石刻精品》)

钦陵以金甲武士"守门",其含义应与"妇人启门"相似,而示人以刚猛无俦的形象,更增添了庄严肃穆之感。

既然钦陵后室为李昪的"内宅"甚至是"仙寝",则室顶的天象图与地上的地理图,以及石棺床所纹饰的金龙、牡丹、卷草和海石榴花图案,也就与亦真亦幻的"仙境"相契合了。

此外,钦陵中室北壁上方的"双龙攫珠"浮雕,珠带火焰、下托云彩,也出于佛教故事,"所谓'火焰光珠',为四大宝珠之一"。

诸般种种,无不在烘托墓主"升仙"的奇瑰氛围。

与之相似而用意明显的例子,是前蜀王建永陵的石棺床。它雕刻成须弥座的形状,四周刻着力士、侍女、飞龙、莲花、云纹,似在超度墓主的灵魂,其佛教意味更为浓郁。

南唐二陵的最特别之处,是用仿真手法,以砖或石头做出倚柱、立枋、阑额和斗栱等仿木建筑构件,仿佛将地上的"宫殿"搬到了地下。

在这些仿木建筑上,均以晕染的笔法,绘制出各种图案的彩画,"为已知的我国建筑物各部分上装饰存世的最早的例子",有着重要的历史和艺术价值。

早在盛唐时期,墓葬壁画中就出现了朱户甲第、华堂绮户的场景。

如此精美的"空中楼阁",折射出的是现实中的荣华富贵——唐代宰相宗楚客兴建的豪宅,用"文柏为梁,沉

顺陵后室

香和红粉以泥壁,开门则香气蓬勃"。另一位宰相元载新造芸辉堂,"以沉香为梁栋,金银为户牖"。

人间是如此美好,又岂能一旦抛却?不如带入地下,常伴左右。于是乎,从晚唐开始,又以仿木建筑取代了笔墨描画,渐渐成为当时高等级墓葬的一种标志。

所谓"仿木建筑",是利用墓室的四面墙壁,由工匠仿照木建筑的式样，四角做出倚柱，柱间为阑额，立枋上托起斗栱，再敷染色彩。

站在墓门处向内觇看，富贵气象摄人心魄。

据蒋赞初先生回忆，当年走进钦陵，只见墙壁上的倚柱、立枋、阑额和斗栱重重叠叠，倚柱有八角形和矩形的，斗栱有转角铺作、补间铺作和柱头铺作三种，皆为唐代建筑的流行样式。在它们的上面，绘着缠枝牡丹、莲花、柿蒂花、宝相花、海石榴花、卷草、云气纹等图案，五色迷离、目不暇接，"使我们这些初出茅庐的年轻人兴奋不已"。

当年，南唐二陵的工匠们有着高明的绘画技巧。比如在绘制阑额上的牡丹花纹时，先刷一层石灰打底；用朱红色画出边框，给边框涂上石绿色；在边框内，以赭色线条绘出花朵枝叶的轮廓，内涂赤黄色，再给花朵枝叶涂上石青或石绿色、花心点朱红色；在牡丹花的周围，用朱红色为衬地。从整个画面来看，轮廓线条流畅、枝叶缠绕有序、色彩敷染适宜。

再绘制柿蒂花、莲花、宝相花等，手法基本相同，唯有色彩稍有差别。

值得一提的是海石榴花纹。这是唐代从伊朗传入的一种纹饰，描绘的是籽实饱满的石榴花朵，颇具异国情调。

这些彩画，"其内容差不多全是唐代流行的纹样，而回绕的花叶的活泼多姿，颜色的繁复浓艳，线条的浑厚流美，都是道地的唐代风格""我们研究自唐至宋文化艺术

钦陵的柱、枋、斗栱上的柿蒂纹

发展的历史，这种过渡时期的资料是非常可贵的"。

"满堂花醉三千客，一剑霜寒十四州。"南唐二陵中的彩画，不由得令人联想起南唐宫中的"装堂花"。

装堂花又称"铺殿花"，由南唐画家徐熙独创。

徐熙，生卒年不详，大约活跃在南唐烈祖、中主时期，善画花鸟，"自造其妙，尤能设色"。他以写意笔法，用浓墨画出花朵枝叶，再略施杂彩，在当时独树一帜。后人将其称为"落墨法"。

当时，徐熙的画艺受到世人的喜爱，从学者甚多。在南唐皇宫，也将其花鸟图案染于丝帛，悬挂在宫殿的四壁，成为"宫中挂设之具，谓之铺殿花"。举目望去，满殿花团锦簇、富贵逼人。

钦陵后室东北角的八角倚柱上的彩绘

南唐画家徐熙《玉堂富贵图》 藏于台北故宫博物院

在南唐二陵中，工匠们很可能就是模仿徐熙的"装堂花"画艺，"先以墨定其枝叶蕊萼等，而后敷之以色"，绘满整个墓室的墙壁，为冰冷的地下世界带来无限暖意。

由于年深岁久、风雨侵袭，陵墓中的这些彩画几乎剥蚀殆尽，但即使是"片鳞只爪"，仍可看出江南之秀丽、南唐之风韵。纵然时隔千年，却魅力不衰。

第二节　守护瑰宝

数十年来，对南唐二陵的保护、修复和研究工作一直是重中之重。

从南唐二陵出土的600多件珍贵文物，被收藏于南京博物院。

2007年，在南京博物院"镇院之宝"评选中，南唐二陵的陶舞俑从42万件院藏文物中成功入围。

2010年，为纪念南唐二陵考古发掘60周年，南京博物院挑选出43件文物，送往南唐二陵文物保护管理所，首次"回家探亲"，在公众面前惊艳亮相。

对于伫立在祖堂山下的陵墓建筑，早在1956年就开始了修缮工作。比如：在墓室内砌造梁架，进行加固；辟凿水沟，排泄墓内蓄水；等等。

改革开放后，为保护南唐二陵，更是动用了各种高科技手段，取得较好的效果。

在温度和湿度，空气污染、光线辐射等的影响下，南唐二陵建筑会不可避免地受到损害。为此，有关方面投入了大量精力，以解决墓室潮湿渗水、彩画污损剥落等"顽症"。

南唐二陵依山而建。每当雨水连绵、沿坡而下时，墓室内就会出现渗水现象，时间一久，导致部分墓壁发生变形、鼓胀，地面石板隆起或凹陷。

此外，南唐二陵的主室到墓门的距离约有20米，内部温度较低，当室外的热湿空气进入时，墙壁上会出现水汽凝结。严重时，彩画几乎"浸泡"在冷凝水中，伤害极大。

为解决南唐二陵的渗水问题，自1998年开始，有关方面多次实施防水工程。主要做法是：将混凝土灌入缝隙"堵漏"，另外在墓顶加盖防水材料，类似给陵墓穿上一件"铠甲"。

经过8年的试验和实践，防水工程基本完成。此后，雨水可以排入外面的水沟，不再沿砌砖的缝隙渗入墓室。

但是，工程也打破了南唐二陵内部的"生态平衡"。由于墓室内部的水汽难以排出，加上冷凝水较多，青苔、霉菌悄然生长，严重威胁着墙壁上彩画的寿命。

文保工作者又与南唐二陵的"敌人"展开新的较量。

导致南唐二陵彩画出现病害的因素，大致有三种：生物病害、环境侵害和化学污染沉淀病害。另外，环境监测发现，游客参观时呼出的二氧化碳和释放出的热量，也会导致墓室内的温度、湿度和二氧化碳浓度上升，不利于彩画的保护。

2008年，陕西师范大学的李玉虎教授研究团队完成了"南唐二陵濒危彩画抢救修复方案"。此前，章怀太子墓、永泰公主墓也出现过青苔疯长现象。文保专家研制出一种化学药剂，涂在墓室内壁，解决了这个问题。

第二年，修复方案获国家文物局批准。随后，李玉虎教授研究团队开始对南唐二陵的彩画进行治理。

专家们对症下药，手拿蘸有药剂的棉球，一点点给彩画"洗脸"；待清洗工作完成，再在彩画表面涂上一层透明的化学药膜，以保护彩画不被氧化。

这样的修复工作一直持续了4年。

终于，大部分彩画重现昔日的容颜，牡丹、莲花、柿蒂花、卷草等的枝叶纹路清晰可见。

2013年，南唐二陵濒危彩画抢救修复工程项目通过了国家文物局专家组的验收。

与此同时，针对南唐二陵内部的冷凝水环境，也进行了整治与调节。研究发现，南唐二陵的彩画在近千年的高湿环境中，已经形成一种"动态平衡"，湿度过高或过低，都不利于彩画的保存。

为此，有关方面安装了监测系统，对南唐二陵进行全方位实时监测分析；并使用除湿机、风幕机等，及时加以调节，使得南唐二陵保持着健康的"平衡"状态。

2013年，南唐二陵列入江苏省第二批大遗址名录；不久又出炉了《南唐二陵保护规划》。按照规划设想，未来要将南唐二陵建成一座大型考古遗址公园，同时创立"南唐历史文化博物馆"，加以更好地保护。

南京被誉为"六朝古都""十朝都会"。在定都南京的10个朝代中，立国近40年的南唐，显然占有一席之地。

这个王朝宛如暗夜昙花，粲然绽放。

南唐二陵作为这一王朝不可复制的见证物，我们要在"保护为主、抢救第一、合理利用、加强管理"的原则下，格外珍惜它、保护好它，让这个千年瑰宝永葆魅力、珍藏久远。

后　记

　　桃红又是一年春。

　　南京城东，龙蟠中路之旁，杨吴城濠碧波粼粼、杨柳垂丝。如今，它属于秦淮河水系的一部分。

　　倘若沿着杨吴城濠向南，进入秦淮河水道，再转入一条名叫"牛首山河"的支流，便能到达南唐二陵附近。

　　写作本书的过程，正如一次逆流而上的旅行。

　　一路上，既有踏青寻芳的兴奋，又时不时担心迷路偏航。好在，有南唐二陵默默陪伴、众多文献资料可备参考、学界友人予以关心帮助，令笔者得以顺利抵达终点。

　　笔者在写作时，参考了相关史籍和学术著作及论文。其中，史籍主要有新、旧《五代史》，陆游《南唐书》，马令《南唐书》，等等；学术著作主要有南京博物院《南唐二陵发掘报告》，中国硅酸盐学会《中国陶瓷史》《曾昭燏文集》（考古卷），梁思成《中国传统建筑的技术与艺术》，孙机《华夏衣冠——中国古代服饰文化》，等等；

学术论文主要有冯汉骥《论南唐二陵中的玉册》，谷天旸《处于唐宋转折之际的南唐陵墓制度——以祖堂山南唐陵园及南唐钦陵、顺陵为例》，王文静《南唐二陵出土女俑的衣冠服饰》，崔世平《唐宋墓葬所见"仪鱼"与葬俗传播》，卢亚辉《唐五代墓葬所见墓龙》，王志高、夏仁琴、许志强《南京祖堂山南唐3号墓考古发掘的主要收获及认识》，王志高《试论南京祖堂山南唐陵园布局及相关问题》，孙彦《"装堂花"新探——以南唐二陵装饰画为例》，以及《南京祖堂山南唐陵园考古勘探与试掘简报》（执笔：王志高、夏仁琴），蒋赞初《我与南唐二陵》，夏仁琴、林小州《回顾与展望——记南唐二陵对外开放三十年》，等等。因为本书体例所限，未能一一标注出处，特此说明并致谢意。

南唐二陵文物保护管理所提供了近百幅图片，为本书增色甚多，尤为感谢该所姚玲玲女士的热心帮助。

历史地理学家陈正祥认为，历史上中国文化的迁移有过三次大的"波澜"。第二个"大波澜"是在"安史之乱"后，北方混战不已，"偏安江南的小国，为了巩固各自的政权，采取了一些有利于生产发展的措施，包括兴修水利、奖励农业，使南方的经济和文化得到进一步的发展"。其中，南唐尤为突出，"在军事上和政治上是弱者，但在文化上却焕发了光辉"。

南唐二陵恰似这顶王冠上最珍贵的宝石，极为耀眼夺目，难以用文字描摹。笔者不揣简陋，写成此书，但限于学力和水平，一定存在不足之处，尚祈专家学者及读者批评指正。

薛 巍

2022年2月于南京